MW01242055

¡Te comerán los leones!

Alejandro Pérez Tobías

Primera edición
ISBN 978-607-29-1547-3

ÍNDICE

Introducción...6

Construye tu escalera...8

Convierte tu pasión en tu droga, no tu droga en tu
pasión..17

    Primer paso: Descubre tu talento.......................19

    Segundo paso: Pule tu talento...........................20

    Tercer paso: Vende tu talento.............................22

Escala tu montaña..27

    Tres cosas que debes hacer ahora.....................49

El quejumbroso es sombra del fracasado................52

A veces la tormenta lo único que hace es regar tu
jardín...56

Cuando tus amigos te hunden más que tus
enemigos..65

Emprende y aprende...73

Poder infinito..79

El paso uno...88

¿Quién es más grande tú o tus problemas?..........103

Conviértete en un hombre de hierro......................106

Sistema PAD...131

El trabajo ideal sí existe..140

Robar te vuelve tonto, trabajar inteligentemente,
¡millonario!...156

Siete tips para empoderarte..................................162

Tip uno: Sonríe al despertar (y durante todo el día)..162

Tip dos: Respira...172

Tip tres: Bebe agua..180

Tip cuatro:¡Prográmate!..184

Tip cinco: Acelera tu corazón....................................189

Tip seis: Lee...192

Tip siete: Agradece..194

Método 3D...196

1.- Dejar..197

2.- Debería...199

3.- Durar...202

¡Adáptate!...206

No eres el único..213

Pelea por tus sueños..216

¡Júntate con leones!...252

Este libro va dedicado a
Abraham Tobías Hernández,

¡Gracias abuelo!

Introducción

Cada quién tiene una misión que cumplir, un reto qué hacer, una mente qué vencer. Este libro está dedicado a todas aquellas personas que luchan por sus sueños, a aquellos que siguen su camino sin que les importen las críticas de los demás. A esos seres que son capaces de vencer su propia mente.

¿Por qué escribo este libro?

Porque creo que un libro puede convertirse en un potenciador de habilidades, un libro puede cambiar una vida y ojalá éste lo haga contigo. Lo escribo porque me duele, me duele mucho ver a gente sufriendo en la calle, niños descalzos sin poder aprovechar su infancia, adultos de la tercera edad sudando por conseguir una migaja de pan. Lo escribo porque sé que este libro puede empoderar a alguien, y si por suerte ese alguien (ya empoderado) tiene deseos de ayudar a los demás, mi misión estará cumplida.

Y, por último… lo escribo porque creo que esa persona empoderada… ¡Puedes ser tú!

Porque los que leen, aprenden, los que aprenden casi siempre actúan y los que actúan obtienen resultados. ¡Vamos por ello!

Construye tu escalera

Probablemente hayas atravesado en algún momento de tu vida una etapa en donde sientes que te ahogas, donde los problemas parecen ser más grandes que tú, esa etapa que ni recordar quieres, momentos que te han dejado cicatrices. Has fracasado. De ser así, ¡felicidades!, porque significa que has sido fuerte, tan fuerte que pudiste sobrevivir a todos esos problemas que querían acabar contigo.

En este libro entenderás que los problemas son quienes te hacen fuerte, los fracasos (si así lo decidimos) son quienes más hacen que te desarrolles porque te obligan a buscar una solución o simplemente a cambiar el enfoque de tu vida.

"Muchas personas creen que lo que nos define son los problemas, sin embargo, no es así, lo que define es nuestra actitud, es nuestra reacción ante los problemas lo que en verdad dice quiénes somos".

Tú eres quien elige si el fuego te va a quemar o simplemente va a iluminar tu camino, eres quien decide si el agua te va a ahogar o va a hidratarte, eres quien decide su camino. Tú forjas tu suerte, por lo tanto, tú forjas tu destino y la mejor manera de forjar el destino es aprendiendo de los problemas que se nos presenten.

Y por eso, te voy a contar qué es la escalera del éxito.

Piensa en Thomas Alba Edison, un hombre que para inventar la bombilla tardó hasta mil intentos en conseguirlo. Sin embargo, lo hizo. Y cuando le preguntaron: ¿Qué sientes por haber fracasado más de mil veces? Él respondió: «No fracasé mil veces, simplemente encontré mil maneras de no hacerlo».

Este hombre lo dijo a la perfección y lo que sucedió cuando tuvo esos percances fue que aprendía de cada error, entonces el error dejaba de ser error y se convertía en un maestro.

Cada fracaso (si es que aprendes de él) se convierte en un peldaño, en una escalera. De esta manera, entre más fracasos útiles tengas, o sea, fracasos de los que hayas aprendido, más peldaños le meterás a tu escalera y por lo tanto ésta será cada vez más grande.

La ventaja de tener muchos errores como maestros es que construyes una escalera inmensa. El señor Edison construyó una escalera tan grande gracias a todos los intentos fallidos que tuvo y es ahora, gracias a ello, que el mundo jamás podrá olvidar su nombre.

Por lo tanto, tú tienes que pensar que cada fracaso puede convertirse en un peldaño, pero esto sólo va a suceder si decides aprender del error. Pues, si éste no se convierte en tu maestro, jamás vas a hacer crecer tu escalera.

Deja de vivir en estrés, despreocúpate, no eres el único que atraviesa por esos problemas. Todo mundo ha pasado por ellos. Sin embargo, la diferencia entre los ganadores y los perdedores, es que los ganadores después del fracaso se levantan y aprenden, los perdedores, fallan una vez y no lo vuelven a intentar. Ponte a pensar, ¿qué hubiera pasado si todos se rindieran la primera vez? ¿Conoceríamos la electricidad? ¿Los autos? ¿Las computadoras? ¿Viviríamos en casas o en cavernas?

Nada de lo que conocemos ahora existiría si las personas que inventaron cualquiera de esas cosas se rindiera a la primera. Todo ha sido gracias a esas personas que no se rinden. Nosotros somos capaces de conocer lo que tenemos enfrente. Por ejemplo, este libro jamás hubiera existido si no se hubiera inventado la imprenta. Todas las cosas que existen lo son gracias a esas personas con voluntad implacable, con una resiliencia indomable, con unas ganas de progresar inmedibles. Es gracias a ellos que nosotros podemos progresar y conocer lo que hoy en día conocemos.

Ahora yo te quiero pedir un favor... ¡Úneteles! Conviértete en esa persona que no se da por vencida ni a la primera, ni a la segunda, ni a la tercera, ¡nunca! Conviértete en ese ser que jamás se rinde para que puedas aportar algo a tu país, a tu familia. Para que puedas trascender y las personas te recuerden. Entiende que el mayor problema que existe es rendirse. Cuántos músicos, cuántos genios, cuántos científicos hoy no existen debido a que alguien decidió rendirse. Por favor, no pares, no abdiques, no te rindas, no te conviertas en alguien a quien tú no estás destinado a ser. Conviértete en esa versión que es la mejor que puede existir dentro de ti. Cuando lo hagas, te darás cuenta que tienes un poder incalculable.

El problema que tenemos es que nos gusta ver el fracaso como algo negativo. Sin embargo, cambiar el enfoque nos hará transformar nuestras vidas, pues cuando dejemos de ver los errores, los problemas y fracasos como tal, y los empecemos a ver como oportunidades de mejora, es ahí cuando nosotros nos daremos cuenta de que ellos son nuestros maestros.

Escribe tres "fracasos" que se convirtieron en un gran maestro tuyo.

1.-

_____

_____

2.-

_____

_____

3.-

_____

_____

Escribe tres "fracasos" que se convertirán en un gran maestro tuyo.

1.-

_____

_____

2.-

_____

_____

3.-

_____

_____

Convierte tu pasión en tu droga, no tu droga en tu pasión

Si una droga es algo que necesitas todos los días, algo que te hace sentir bien, ¿no te gustaría que tu trabajo fuera tu droga? Seguramente sí. Entonces, para que sea así, debes de trabajar en algo que te apasione, pues de lo contrario, si no trabajas en algo que te apasione, tu trabajo se convertirá en una guillotina que tarde o temprano va a caer. Tu trabajo se convertirá en estrés y éste tarde o temprano te va a matar.

Viéndolo del lado contrario, muchas personas hacen de las drogas su pasión, pues deciden consumirlas a todo momento. Viven para ello y se entregan a ello. El problema de eso es que cuanto más consumes, en menos te conviertes. Menos eres y menos vives. Por lo tanto, el que se consume no es el cigarro, sino uno mismo.

Las drogas: muchos piensan que son la salida, sin embargo, para mí no son la salida, sino la entrada, la entrada al infierno. Prueba las drogas y te comerán los leones.

Hace unos días estaba desayunando con uno de mis tíos, alguien a quien admiro mucho: su nombre es Rafael Pérez Arellano. Me dijo algo muy sabio que te voy a compartir a continuación:

Primer paso: Descubre tu talento

Muchas personas piensan que no tienen talento alguno, que en realidad somos gente sin brillo. Aunque déjame decirte que si eres de esos, entonces estás totalmente equivocado. Pongamos el ejemplo de Carlos Slim. Si a él lo hubiéramos puesto a querer ser un atleta probablemente no hubiera logrado lo que alcanzó como empresario. Si pusiéramos a Justin Bieber en un puesto de ingeniería tal vez tampoco lograría lo que ha hecho con la música. Si pusiéramos a Gaudí a recitar poesía, tal vez hubiera fracasado y habría pasado en este mundo como alguien sin talento. El desacuerdo que yo tengo es con las personas que dicen no tener talento. Cada quién posee uno, pero por no descubrirlo piensan que no lo tienen. Desafortunadamente, no todos lo han descubierto. Si tú encuentras el tuyo te podrás convertir en uno de los próximos genios, un gran atleta, un artista inigualable. Descubre tu talento, apuesta todas tus cartas en encontrarlo. No importa si tienes diez o setenta años, el único momento tarde para buscar tu talento es mañana y el único adecuado es ahora.

Entonces, si aún no has encontrado ese talento ponte a buscarlo de manera inmediata, y si ya lo encontraste, vayamos al siguiente paso.

Segundo paso: Pule tu talento

Hay algo peor que no encontrar tu talento y esto es encontrarlo y no aprovecharlo. Yo te garantizo que, si tú tienes un talento y no lo estás aprovechando, tienes un lugar reservado en la primera fila del infierno. Porque tener talento y no usarlo es el peor crimen que un ser puede cometer contra sí mismo. Cuando descubras tu talento recuerda la frase que dijo Tim Notke: «El trabajo duro vence al talento cuando el talento no trabaja duro».

Esto significa que, aunque tengas talento tienes que seguir trabajando, tienes que seguir aprendiendo, tienes que seguir entrenando. Sin embargo, no te mates de miedo, no te mortifiques, porque cuando tienes talento y la actividad que realizas te gusta, es casi imposible que algo salga mal ya que es justo en ese momento cuando te encuentras en tu elemento. Estás en el lugar que debes, haciendo lo que debes. El tiempo pasa y simplemente obrar en "ello" es fantástico para ti.

Seguramente has escuchado que la repetición es la madre de todas las habilidades. ¡Qué cierta es esta frase! Pues entre más practiques más te adueñarás de la ejecución. Se dice que para ser experto en algún tema se necesitan 10,000 horas. Mi pregunta es: ¿Por qué te quejas cuando apenas llevas tres horas practicando? ¡Pule tu talento!

Tercer paso: Vende tu talento

Este paso es sumamente importante, pues existe una enorme cantidad de personas que ya descubrieron su talento, ya lo pulieron, sin embargo, no lo saben vender. Músicos que viven en la calle y comen lo que la gente les da, por ejemplo.

Vender tu talento es clave para tener un trabajo sin estrés. Cuando vendas tu talento te darás cuenta que empezarás a recibir ingresos que tal vez jamás imaginaste, ingresos que te cambiarán la vida. Porque cuando haces aquello para lo que estás hecho, es justo cuando realizas lo indicado y para lo que eres mejor, entonces te verás recompensado por actuar haciendo lo que mejor sabes hacer. ¡Vende tu talento!

Esopo escribió una fábula llamada La liebre y la tortuga, la cual te contaré a mi manera, pues explica perfectamente esto:

Esta era una liebre que se encontraba caminando en el bosque. Aquel animalito iba corriendo sobre los verdes pastizales, cuando de repente observa a una tortuga a lo lejos. Aquella tortuga, quien ya se veía algo vieja, le saluda y el conejo le responde:

-Buenos días mi lento amigo, qué triste debe ser haber nacido como tú, con tan poca agilidad.

La tortuga, sin hacerle mayor caso a la liebre, decide seguir caminando.

Poco después la liebre le dice:

-Imagínate que hiciéramos una carrera tú y yo, seguro te dejaría muy atrás.

La tortuga, fastidiada por la arrogancia del conejo, le responde:

-Si hiciéramos una carrera, yo te vencería.

Al escuchar esto, la liebre se soltó a reír, carcajada tras carcajada hasta que termina y le dice.

-Entonces hagámoslo ya.

Justo en ese instante iba pasando por ahí el búho, quien asombrado se detiene para hablar con la tortuga y hacerle reflexionar sobre la carrera, pues le veía escasas probabilidades de ganar.

La tortuga, insistente, decide no hacer caso de las recomendaciones del búho, así que decide dirigirse hacia la línea de salida, la cual se encontraba justo pasando el arroyo.

En la carrera ganaría el primero en cruzar la meta.

Todos los animales del bosque estaban viendo aquel evento que parecía que terminaría en una tragedia para la pobre tortuga.

El búho, quien era el juez, da aviso de salida.

No habían pasado ni siquiera diez segundos cuando la liebre ya le sacaba una ventaja considerable a la tortuga. Los animales del bosque se estaban riendo y se burlaban de ésta. Le gritaban que ya mejor se rindiera, que no tenía caso competir contra aquella veloz liebre.

Pasaron algunos minutos y la liebre ya iba tan lejos que decidió detenerse para voltear a ver en dónde venía la tortuga. Al no verla y ser consciente de la ventaja que le llevaba, decide tomar una pequeña siesta. Mientras tanto, la tortuga seguía firme, a paso lento, cansada, pero seguía avanzando.

Pasó algún tiempo cuando en eso la liebre se despierta y se da cuenta de que se había quedado totalmente dormida. En ese momento, se pone a correr en dirección a la meta, pero cuando va llegando se da cuenta de que ya era demasiado tarde. ¡La tortuga había llegado!

Moraleja: Nunca dejes de trabajar cuando tienes talento, porque al apostar todo al talento y evadir el esfuerzo, es ahí cuando llega el fracaso.

Recuerda a Tim: «El trabajo duro supera al talento cuando el talento no trabaja duro».

Escala tu montaña

¿Te gustan los retos? En febrero del 2017 unos muy buenos amigos que conocí en torneos de jiu-jitsu brasileño (con los cuales he peleado y he tenido ya varios viajes) me propusieron que hiciéramos una nueva travesía, algo que nos retara.

Como uno de ellos escalaba, nos invitó a que escaláramos la montaña más alta de México, una montaña que antes era un volcán y tiene una altura de 5,636 metros. Un monstruo que desafortunadamente ya ha cobrado la vida de varias personas: un gigante llamado el Pico de Orizaba.

Cuando nos platicó la idea, la realidad es que a mí no me llamaba mucho la atención escalar, puesto que no era un apasionado de tal actividad. Sin embargo, por el gusto de convivir con ellos acepté. Mi amigo, quien escala montañas, de apellido Cuervo, nos pidió que nos preparáramos, que saliéramos a correr y cuando pudiéramos, a caminar por las montañas que tuviéramos cerca. La realidad es que, a pesar de ser mexicano y aunque me de vergüenza decirlo, jamás había investigado nada acerca del Pico de Orizaba. Era un completo ignorante del tema y mucho menos tenía idea de que era la montaña más grande del país, motivo por el cual nunca entrené para dicho evento. Ahí aprendí una lección: "La probabilidad de fracasar aumenta cuando la ignorancia se presenta".

Llegó el día, agarré mi maleta y me dirigí a la central de autobuses. De ahí viajé a la Ciudad de México en donde esperé a que mi otro amigo, de apellido Pierdant, saliera de la universidad para que ambos tomáramos un camión rumbo a Xalapa. Así fue, lo esperamos algunas horas, él salió y nos dirigimos hacia Xalapa para reunirnos con Cuervo. Cuando por fin llegamos con él, eran las cinco de la mañana y estábamos exhaustos, pues no habíamos podido conciliar bien el sueño durante el trayecto del camión.

Cuando llegamos al destino esperamos a que Cuervo pasara por nosotros. Entonces, él llegó, subimos a su camioneta y nos dirigimos a su casa, ahí nos bajamos para agarrar las cosas que llevaríamos a la montaña. Yo aproveché para darme una ducha, después subimos al auto y nos fuimos al punto de reunión donde encontraríamos al guía y los demás escaladores. Al momento de llegar, comenzamos a charlar con los demás que se encontraban ahí presentes. Empecé a platicar con un alpinista que ya había escalado la montaña (de nombre Jorge) y me dijo algo que jamás olvidare: "Cuando estés a punto de llegar a la cima verás que los pasos que darás son así…" E hizo un movimiento en donde los pasos eran muy cortos, aproximadamente una tercera parte de un paso normal. Y además los hacía muy lentos. Cuando me dijo eso yo me reí y pensé: "tengo mucha condición, él seguramente lo dice porque no tiene la suficiente resistencia". Después me dijo: "vas a ver que así será". Al platicar con ellos me di cuenta de que a la cima solamente queríamos llegar siete y había cinco personas que deseaban escalar hasta la mitad. Por lo tanto: "Si tu sueño es grande tu mente también, si tu sueño es chico tu mente igual"

De los que queríamos llegar hasta la cima sólo Pier (así le diremos a Pierdant), Cuervo y yo no habíamos escalado el Pico. Comenzamos el viaje en carro y llegamos a un pueblo donde desayunamos huevo con frijoles y un delicioso café que desprendía un aroma increíble. Ahí en ese punto, al terminar el desayuno, cada uno se cambió, se puso el equipamiento para el frío y nos subimos a una camioneta tipo estaquitas donde iniciamos el viaje en terracería rumbo al refugio. Recuerdo haber sufrido demasiado ese viaje, pues la camioneta parecía que iba a voltearse, ya que pasaba muy cerca de los barrancos y además había grietas en el piso que parecía que harían que la camioneta se volteara en cualquier instante. De hecho, en una parte del viaje todos nos bajamos y nos colgamos del lado derecho de la camioneta para que eso no fuera a suceder.

Al llegar a nuestro destino descargamos las cosas y fuimos al refugio: un lugar de madera muy sencillo en donde dormiríamos en tablas (no muy buena idea si vas a escalar una montaña durante diez horas). Al estar ahí comenzamos a practicar qué hacer en caso de patinarnos sobre la montaña y cómo iríamos acomodados. Ensayamos el uso de los crampones (una especie de picos que van bajo la bota para encajarlos en el hielo). También revisamos que el equipo estuviera listo, linternas, alimentos, chamarras, crampones, picos, etc. Hicimos un breve entrenamiento, charlamos y cenamos. Para eso ya eran las diez de la noche y saldríamos a la una de la mañana a escalar (esto debido a que es mejor escalar a estas horas para evitar el contacto directo con el sol y también para evitar que el sol esté impactando directamente al hielo, pues si se derrite se vuelve peligroso). Dormimos un par de horas y comenzamos el ascenso justo a la una de la mañana.

¡Había comenzado la aventura!

Empezamos doce personas y recuerdo muy bien que ese lugar estaba muy frío. Sin duda alguna es la vez que más frío he pasado a pesar de que llevaba cuatro o cinco capas contra éste. Estábamos escalando, aunque la realidad es que no tenía idea de qué estaba haciendo, solamente sabía que tenía que seguir. Encajaba los crampones en la nieve, me apoyaba del pico (como si fuera un bastón) y utilizaba mi linterna para poder ver el camino.

Sin embargo, aproximadamente a los cuarenta minutos se regresaron cinco alpinistas que habían dicho que hasta ahí pretendían llegar. Ahora sólo quedábamos siete personas del grupo de doce y a los treinta minutos después de que se hubieran regresado comenzó mi primer dolor de cabeza. Me extrañó, pues a mí casi nunca me daban este tipo de molestias, pregunté si alguien sabía por qué era y el guía me respondió: "entre más subes menos oxígeno tienes, no te preocupes, es normal, pero si el dolor sigue dime y te daré una pastilla".

A la hora y veinte más o menos desde que habíamos empezado, uno de los escaladores que pretendían llegar a la cima (cosa que ya había logrado con anterioridad) se empezó a quedar. Pasaron quince minutos más y sólo veíamos su luz, en eso nos grita que lo esperemos y así le hicimos hasta que se integró al grupo nuevamente. Transcurrieron unos veinte minutos más y cada vez él se quedaba más y más, hasta que nos gritó: "Ya no puedo más, me siento muy mal, voy a regresar". Entonces el guía nos dijo: "Lo siento, pero me tengo que regresar con él, no lo puedo dejar si se siente mal. Sin embargo, aquí va con ustedes Jorge, él ya ha escalado esta montaña". La realidad es que me molesté bastante, pues ya había pagado el servicio con el guía para que nos llevara a la cima, aunque por otro lado fui comprensivo, pues la realidad es que conmigo fue sumamente amable. De hecho, él llevaba dos guantes para el frío y yo había olvidado los míos, así que me prestó unos que llevaba puestos y no me dio los más ligeros, sino que los más calientes. Cuando le dije que me diera los más ligeros, él se molestó y firmemente me dijo no alegara más y me llevara los que me había prestado. Aunque estaba apenado pensé en la suerte que tuve. Con esto, nuestro guía (quien afirma haber escalado más de cien veces esa montaña) me demostró algo al irse con nuestro compañero y prestarme sus guantes: "Un líder debe cuidar al débil, pero nunca convertirse en uno".

Después de esto, pasaron unos treinta minutos y la única mujer que venía con nosotros que se disponía llegar a la cima se regresó, a mí me sorprendió, pues todo el camino iba muy bien. De hecho, iba delante de mí. Sin embargo, repentinamente se sentó, nos dijo que la esperáramos y así lo hicimos. Pasaron diez minutos y nos dijo que se regresaría porque ya no resistía. Yo era el último en el grupo y me preocupaba mi dolor de cabeza, pues éste no cesaba y el cansancio aumentaba. Por otro lado, sentía la presión de ver que todos se veían muy bien y no parecían cansados. En eso pedí mi primera pastilla para el dolor, pero se las habían acabado los demás. Seguíamos escalando y ya sólo éramos cuatro: mis dos amigos, Jorge y yo. En eso nos detuvimos a descansar un momento y nos rebasó otro grupo de alpinistas, a los cuales les pedí una pastilla para el dolor de cabeza y me respondieron que no traían, pero una señorita de tez blanca, de aproximadamente veinticinco años, me dice que le sobra una, así que me la regala. En ese momento sentí una bendición que venía del cielo, pues que alguien te regale una pastilla en esos momentos vale oro. La pastilla definitivamente me ayudó, pues a los diez minutos sentí una mejoría. Continuamos escalando y en eso, a mi derecha, vi a otro alpinista que estaba escalando y de repente ocurre una pesadilla... Escuché unos ruidos y algo crujiendo. Volteé a mi derecha y menuda sorpresa que me llevé cuando vi que lo que sonaba era ¡un alpinista que se había resbalado! En eso, él se estaba deslizando por el hielo cuando, como en situación de película, esta persona encajó su pico y se quedó suspendido de él. Ancló bien sus crampones al hielo y decidió retomar su camino. Nadie le dijo algo, ni si quiera le preguntaron si estaba bien o algo por el estilo. Parecía que todos nos habíamos quedado mudos. Cuando él se resbaló por alguna razón sentí que era yo. Y en ese momento pensé: "Qué carajos estás haciendo escalando una montaña, Alejandro, si tú no eres alpinista". Ese momento me agitó, pero me alegró ver que él solo resolviera ese problema y siguiera adelante, así que dije ¡claro que puedo!

Llevábamos ya cuatro horas de escalar entre piedras, hielo, tierra y nieve, cuando de repente llegamos al llamado glaciar: la zona de la montaña que está conformada completamente por nieve y hielo.

En eso Jorge se sienta y dice que él hasta ahí llegó. Yo pensé que estaba bromeando, sin embargo, nos dijo que ya no podía. Le dije: ánimo, tú eres nuestro guía ahora, llévanos, además ya estamos aquí. Después vi y pensé que para escalar el glaciar ya no sería mucho, quizás podría hacerlo en unos treinta minutos. Cuando le comenté lo que estaba pensando a Jorge, él me sonrió y dijo: "Vas a hacer por lo menos dos horas y eso si te va bien".

Pasaron algunos minutos y después de una buena insistencia a Jorge para que nos acompañara a la cima, logramos que él nos dijera: "Está bien, pero denme diez minutos para descansar". Nosotros aceptamos, pero cuando habían transcurrido apenas uno o dos minutos él nos dijo: "Lo siento, pensé que me iba a recuperar y ahora siento que voy empeorando, no me siento bien y sería una imprudencia subirlo de esta manera".

En eso me entristecí y le dije que me dijera qué hacer, cómo llegar y cómo amarrar la línea de vida. La línea de vida es una cuerda que une a todos los alpinistas. El primero con el segundo, el segundo con el tercero y así sucesivamente hasta que todos quedan sujetados por la misma cuerda. Ésta sirve en dado caso de que si uno se resbala o patina pueda ser detenido por su propio equipo.

"La mejor forma de ayudarte a ti mismo es ayudando a los demás".

Desafortunadamente, la línea de vida no la teníamos, pues el primer alpinista era quien la llevaba, entonces decidimos que avanzaríamos cautelosamente y aumentando la precaución. Mi amigo Pier cargaba en su mochila algunos alimentos como nueces, cacahuates, almendras, agua, etc. Así que antes de iniciar decidimos alimentarnos. Yo pedí otra pastilla para el dolor de cabeza, pero en eso recordé que se habían terminado. Entonces nos preparamos y salimos a conquistar ese glaciar.

Pasaron no más de cinco minutos cuando Cuervo comenzó a sentirse mal, así que pidió un descanso. Lo esperamos y continuamos. Pasaron otros cinco minutos y volvió a pedir descanso, decía que se sentía mal, que no respiraba como debía. Así que les propuse algo: avanzaríamos y cada diez pasos pararíamos a descansar. Acordamos eso, pero solamente llevábamos seis pasos cuando Cuervo volvió a pedir descanso. Esperamos a que él se recuperara. Yo no presionaba a nadie, pues el descanso a todos nos hacía bien. En eso dijimos: ¡Ahora sí daremos los diez pasos!

Comenzamos a avanzar, íbamos fatigados, fue un momento sumamente agotador, estaba contando los pasos y en eso el sol comenzó a salir. No sé cuánto tiempo llevábamos escalando ese glaciar cuando de repente volteé hacia atrás y me di cuenta de que ya iba solo, ellos estaban mucho más atrás. Volteé, pero ellos no me veían, me esperé en el lugar, me senté a descansar en la nieve y en eso los perdí de vista. Comencé a buscarlos, pero me era imposible localizarlos, buscaba desde mi lugar. No sabía si me habían rebasado por un costado sin que yo me diese cuenta o si se habían regresado. En eso destapé mi bote para tomar agua y vaya sorpresa que me llevé al darme cuenta de que no lo podía abrir, intentaba una y otra vez, pero me era imposible. Mi bote era transparente y cuando fui viendo mejor, la sorpresa empeoró, pues vi que el bote estaba totalmente congelado.

¡Me había quedado sin agua, no tenía pastillas, los alimentos se los había quedado Pier, la línea de vida no estaba y mi desesperación comenzaba a expandirse!

"No hay fuerza en este mundo que sea capaz de vencer a un hombre con dos cosas: disciplina y motivación".

Pensé en regresar, pues no veía más alpinistas, cuando de repente vi a dos que iban atados a su línea de vida. Los vi un poco lejos, pero los veía. En eso me puse de pie y comencé a escalar, pero me cansé fácilmente, lo reconozco. En eso la sed empezó a aumentar, así que decidí empezar a comerme la nieve. La puse en mi boca y la dejé ahí un rato para que se calentara y derritiera, aunque tardó mucho. Pero cuando ésta se derritió comencé a beberla. La nieve, por alguna razón, tenía una especie de puntos negros que al parecer eran tierra. No sabía si me hacía daño o no, lo que sabía era que la necesitaba.

En eso apareció en mi mente Jorge junto a sus palabras: "Cuando estés a punto de llegar a la cima verás que los pasos que darás son así…". Reflexioné y pensé: "Cada paso que doy, aunque sea pequeño significa progreso, sé que un paso no es mucho, sin embargo, cada paso que doy es uno menos hacia la cima". Además, sabía algo muy importante: sabía que, si desistía y cedía ante mi mente, era ella quien iba a dominarme, pero si yo le ganaba a ella, la cual constantemente me pedía descanso, me pedía que parara, me pedía agua, si yo le ganaba a ella, el dueño de mi mente iba a ser yo y no mi cuerpo. Entonces decidí enfocarme en qué se sentiría llegar a la cima, me visualicé allí arriba. Podía escuchar a la montaña, era como si me hubiera conectado con ella. Iba avanzando, caminaba y descansaba, pero el descanso era parte del progreso, era necesario, me servía para descansar y que mi cuerpo pudiera adaptarse un poco. En eso, vi que por otro lado de la montaña había unos alpinistas, ¡Era un grupo y estaban haciendo lo mismo que yo! En ese momento yo me encontraba sumamente cerca de la cima, seguía avanzando, respiraba y escalaba, respiraba y escalaba. Cuando de repente ocurrió el milagro.

¡Había llegado a la cima, había conquistado mi montaña!

Las lágrimas salían de mis ojos. Cuando llegué sentí una experiencia inolvidable, una energía única. Había tal vez quince alpinistas allí. Recuerdo que uno llegó y me abrazó, allí empezó una cadena, pues me sentí tan bien con ese abrazo que a los que llegaban los felicitaba y abrazaba. Ni siquiera sabía quiénes eran, pero simplemente compartía mi alegría con la de ellos.

"Cuando compartes tu alegría ésta no se divide, sino que se multiplica".

Cuando estaba en la cima, una persona cuyo nombre no recuerdo (pero aquí abajo muestro una foto con él) me regaló un sándwich y tú tal vez dirás: un sándwich no es mucho. Sin embargo, no tienes idea de lo que éste representa cuando estás en la cima del Pico de Orizaba. ¡Un tesoro! Además, me estaba regalando algo que seguramente él iba a consumir. Esto sin contar que también me dio un poco de agua.

La realidad es que él se mostraba sumamente amigable conmigo. No me daba pena recibir su ayuda, pues sabía que la necesitaba, así que le agradecí. Le pedí un poco más de agua a otros alpinistas que se encontraban allí, pues traía una sed que nunca antes había pasado.

"Cuando necesites ayuda no te avergüences por pedirla".

Ya llevaba unas dos horas ahí esperando en la cima, estaba acostado, descansando. Aproveché para dar gracias a Dios que había llegado a salvo, sin embargo, mis amigos aún no aparecían… Nunca lo hicieron.

En eso me puse a reflexionar. ¿Por qué había llegado a la cima? ¿Qué es lo que me había impulsado a estar ahí? Así que pensé y saqué varias conclusiones y ahora te platicaré una:

¡Llegué porque hice lo mismo que Coca Cola! Y, ¿por qué Coca Cola? Pues porque Coca Cola actualmente no te vende el producto. Tú no ves en la calle publicidad que diga: ¡Prueba este refresco, el mejor sabor!, o anuncios del estilo, sino que ves algunos que te venden el beneficio. ¿Cuál puede ser el beneficio de beber Coca Cola? Sencillo, el beneficio que ellos te venden es la alegría de estar con alguien compartiendo la bebida, por eso es "la chispa de la vida". Ellos no te venden el producto, sino que te venden el beneficio, y ésta es una ley para triunfar en los negocios: no vender el producto sino el beneficio. Sin embargo, es curioso, pues también es una ley para triunfar en la vida. No pienses en el producto, piensa en el beneficio. A esto se le llama motivación **y** para verlo de manera más clara llamémosle al producto=acción y al beneficio=recompensa.

Imagina que estás en tu trabajo y en eso te desesperas. Probablemente lo haces porque estás pensando en la acción, o sea, el trabajo que por ese instante te puede fastidiar, pero lo que no te va a desesperar, sino que te va a ayudar a seguir adelante, es pensar en el beneficio. El beneficio puede ser el sentirte bien contigo mismo por haber realizado una obra, o el reconocimiento por ser capaz de lograr lo que te habías propuesto. O quizá el beneficio puede ser el dinero con el cual puedes ir a pasar unas vacaciones con tu familia.

Cada persona tiene lo que considera un beneficio personal, para unos puede ser una cosa y para otros algo totalmente distinto.

Y es por eso mismo que llegué a la cima, porque nunca me enfoqué sólo en la acción, que era dar pasos, porque eso sólo hacía que mi energía se concentrara en el desgaste que sentía al escalar; sino que me enfocaba en la recompensa, y esa recompensa era el saber que soy capaz de lograr lo que me proponga y más importante aún:

"Enseñarle a mi mente que yo soy quien manda y no ella".

Recuerda:

"Muchas veces nos asusta la montaña porque se ve demasiado grande, pero entre más subas, ¡verás que la montaña es la chica y el grande eres tú!"

La única forma de llegar a la meta es avanzando. Sigue adelante, da el primer paso.

Tres cosas que debes hacer ahora

1.- Llama a un amigo o familiar que haya logrado algo, una meta, lo que sea, puede ser hasta participar en una carrera de tres kilómetros. Felicítalo. Verás cómo se comparte la energía, cómo se comparte la alegría y además fortalecerás tu vínculo emocional afectivo con esa persona. Y tú te sentirás mejor contigo mismo. ¡Comparte la alegría!

2.- Cuando estés haciendo algo que te cueste trabajo no te enfoques por favor en lo que te molesta, sino que enfócate en la recompensa, lo que vas a recibir al terminar.

Por ejemplo, cuando voy al gimnasio jamás me enfoco en el dolor que siento al levantar pesas, sino que me enfoco en el beneficio que éstas me producen, el cual puede ser: sentirme bien conmigo mismo, verme mejor, estar sano, etc.

Enfócate en el resultado cuando la situación sea difícil. Tu trabajo, en efecto, te debe agradar, pero llegará un día en el que tengas que hacer algo que no te guste, llegará un momento que te retará a salir de tu zona de confort. Cuando esto suceda aplica esta técnica: ¡Enfoque en el beneficio!

3.- Empieza a actuar. Si sólo pensamos y estudiamos, pero nada aplicamos, nos quedamos estancados en un lugar en donde la mayoría de los sueños muere: ¡En la mente! Comienza a hacer realidad tu sueño. Empieza a actuar. ¡Deja de quejarte!

El quejumbroso es sombra del fracasado

Antes pensaba que el quejumbroso era amigo del fracasado, sin embargo, me di cuenta de que estaba equivocado. El quejumbroso no es amigo, sino que es sombra del fracasado ¡porque es el mismo! Cuando tú te quejas te acercas al fracaso y te alejas del éxito, pues quejarse es enfocar tu energía, sin embargo, es enfocarla en algo negativo. ¿Te suena lógico enfocar tu energía en eso? ¡A mí tampoco! Entonces dejemos de hacerlo, comencemos a enfocarnos en lo positivo.

Te digo esto porque muchas veces en la montaña cometí el error de quejarme. Un día me encontraba dando una conferencia a personas migrantes. Cuando fui con ellos les quise dar una conferencia de motivación, aunque al ver a esos guerreros que no se rendían y luchaban incansablemente por conquistar su propia montaña, el que salió más motivado, te lo aseguro, fui yo. Y esto debido a que hubo un momento en el que les contaba la historia del Pico, y les platicaba que no traía agua, no traía alimentos, que estaba sufriendo. Les hablaba de mis incomodidades y en eso me di cuenta de que ¡ellos estaban en una situación mucho peor! Porque yo escalaba la montaña y por gusto pasaba esos "pequeños dolores", sin embargo, ellos día a día atraviesan cosas de ese estilo. Suben a la bestia (así le llaman al tren) y algunos van quemándose la piel en el techo. No tienen agua, no tienen alimentos. Algunos pierden partes de su cuerpo cuando se caen y el tren pasa encima de ellos, otros mueren. Hay mujeres embarazadas que no sólo llevan a un ser un su vientre, sino que cargan a otro en sus brazos. Estas personas no lo hacen por gusto (como yo en la montaña), lo hacen por necesidad.

Y ahí me di cuenta… ¡No busques ni una maldita razón por la cual quejarte! Porque de lo contrario: ¡Te comerán los leones!

Si quieres apoyar a estas personas busca la casa hogar más cerca que tengas y ve a dar tu donación. ¡Ojalá lo hagas, en verdad lo necesitan!

Alguna vez te has puesto a reflexionar y a preguntarte: ¿De qué está hecha la vida?

De ser así, probablemente llegaste a la conclusión de que la vida está hecha de tiempo, lo cual es totalmente cierto, pues sin tiempo no existimos. Ahora ponte a pensar, ¿por qué muchas veces desperdicias parte de tu vida criticando a los demás? ¿Te has dado cuenta de que al criticar estas invirtiendo tiempo en hablar de alguien más? Deja de criticar, no juzgues a los demás y si quieres no lo hagas por ellos, pero sí hazlo por ti.

El quejumbroso es amigo del fracasado, sin embargo, ¿qué es fracasado para mí?

Fracasado es aquella persona que al no conseguir un objetivo se rinde y decide no aprender nada de lo que le sucedió. Por ejemplo, si fracasó tu negocio, jamás averiguas por qué fue y decides no volver a emprender nunca. Eso para mí es un fracasado. En resumen, para mí fracasado es quien se rinde.

A veces la tormenta lo único que hace es regar tu jardín

Algunas personas hemos sido criticadas, nos han plantado ideas en la mente (a veces con buena y a veces con mala intención) que a final de cuentas nos terminan afectando. Por ejemplo, ese dicho que dice: "Árbol que crece torcido su tronco jamás endereza". Yo soy de los que piensa que quien dijo esta frase tan famosa era un holgazán, porque la utilizaba para justificar su mal comportamiento y de esa forma no sentirse mal consigo mismo. ¡Qué jodido! En verdad que lo es, porque una de esas frases puede afectar a toda una sociedad.

Yo te puedo demostrar que árbol que crece torcido, cuando lo decide se endereza, o sea, que si hasta ahora has llevado una vida de la que no estás orgulloso, o has cometido errores, no te preocupes, pues ese refrán de real tiene poco.

Todos podemos cambiar, te platico un poco de mí cuando era más joven.

-Tenía diez kilos de más

-Reprobaba nueve de diez materias en la escuela

-Fui enviado a un colegio militar (del cual me escapé y la policía me atrapó)

-Vivía en constante guerra con mis padres

-Me salí de mi casa

-Estaba en depresión

Si ese dicho de árbol que crece torcido jamás endereza, ¿cómo explicas que pude solucionar todos esos problemas?

Entiende esto y cambiará tu vida. El ser humano cambia cuando ha sufrido mucho, o cuando ha aprendido.

Entonces aclaremos, árbol que crece torcido su tronco endereza, pero sólo si él mismo lo decide. Tú puedes corregir tus errores, pero sólo si tú así lo decides.

¿Por qué digo que la tormenta es lo que mejor puede regar tu jardín? A mí los doctores me atacaban, decían que necesitaría vivir con pastillas para tratamientos de TDAH, (trastorno por déficit de atención e hiperactividad) me dijeron que jamás me podría concentrar, inclusive un profesor le dijo una vez a mi padre, su hijo no debe entrar a la universidad, pues no la podrá terminar.

Recuerdo muy bien que a los 13 años me daban unas pastillas que tal cual, me tumbaban, me deprimían, me convertían en un zombi. Sin embargo, la pastilla de poco o nada sirve cuando alguien no tiene la decisión por sí mismo de comenzar el cambio. Recibía dos tratamientos: uno con pastillas de Strattera con sesenta miligramos y otro con Inveda.

"Las pastillas terminaban con el TDAH, pero también con mi talento" y eso es lo más valioso que poseemos.

Una de las peores etapas de mi vida fue cuando vivía con esos medicamentos porque dejé de ser yo. He leído bastantes artículos que te recomiendan no tomar las pastillas y en cambio apalancarse del deporte y la meditación, cosa que para mí suena mucho más sensato. Por lo tanto, si tú o un conocido toma esas pastillas, mi recomendación es que investigues bien si realmente es necesario tomarlas.

Y si dejas de hacerlo, tienes que hacer un plan porque

"Quién falla en planear, planea fallar"

-W. Churchill

Cuando dejé las pastillas, me di cuenta que si enfocaba toda esa energía en entrenar, podía tener muy buenos resultados, así que enfoqué esa energía en el deporte y me fue muy bien, pude ganar dos competencias pequeñas de resistencia (lagartijas, fondos y abdominales) y una de fuerza (levantamiento de potencia). Después en artes marciales fui campeón nacional de jiu-jitsu brasileño, campeón del año en grappling (adultos y avanzados). Gané dos veces el México Open en Playa del Carmen, incluyendo el absoluto. Gané en Elite Submission League. En artes marciales mixtas competí tres torneos y los gané. Sin embargo, estos logros no hubieran sido posibles con las pastillas, porque muchas veces las pastillas suprimían los problemas que tenía de atención, pero también suprimían mi talento. Por eso digo que a veces lo que parece ser tu mayor problema puede ser tu mayor ventaja.

"La peor tormenta a veces lo único que hace es regar tu jardín".

Sin embargo, cuando descubrí que el TDAH ya no era la tormenta que me agobiaba, sino el agua que regaba, decidí recordar eso para siempre. Ahora por eso cargo conmigo mis military dog tag (placas que utilizan los militares) para recordar que fui enviado a un colegio militar por tener TDAH, pero que el problema nunca fue de TDAH, sino de enfoque.

"Lo que parecía ser lo peor, se convirtió en lo mejor de mí".

No me avergüenzo de tener esta distinción, sino que al contrario me enorgullezco. Pues ésta ha sido mi tormenta, una con la que he vivido y en verdad que me ha encantado tenerla, pues, ¿qué sentido tiene la vida si no sabemos bailar bajo la tormenta?

Por cierto, algunos estudios afirman que las personas con TDAH son más inteligentes, aunque a veces parece al revés. El secreto para que seas más inteligente (tengas o no TDAH) es que canalices tu energía , porque si no la canalizas ésta se va a quedar dentro de tu cuerpo y llegará un momento en que te hará explotar. Pero si la canalizas en algo que disfrutas, te darás cuenta de que empezarás a volar.

Algunas personas con TDA o TDAH:

-Steve Jobs

-Justin Timberlake

-Michael Jordan

-Michael Phelps

-Richard Branson

-Bill Gates

Desafortunadamente la mayoría de los que tienen TDA son tratados de forma distinta y las personas son muy poco pacientes.

Otra situación en donde agradecí a la tormenta fue hace unos años cuando una novia, de la que estaba profundamente enamorado, me terminó. Para mí fue un momento muy duro, pero aprendí algo muy valioso, algo que hasta la fecha sigo utilizando. Descubrí que una de las mejores formas de quitar esa depresión era ocuparme haciendo algo.

Así que decidí mantenerme totalmente activo. Cuando lo hice, fue una de las primeras veces que leí un libro en mi vida. Fue ahí cuando comencé a entrar a cursos. En ese momento aprendí a tocar la guitarra, empecé a crecer mi negocio y fue justo en ese instante cuando pude dar mi primera conferencia. En ese momento estaba en depresión, sin embargo, el dolor de la depresión me movió, pues como no quería estar ahí, sintiéndome de tal forma, lo que hacía era ocuparme para distraer a mi cerebro de pensar en ella, pues, cambiamos cuando sufrimos o cuando aprendemos lo suficiente. Es por eso que gracias a ese dolor, gracias a que viví esa tormenta, fue gracias a ello que pude regar mi jardín. Entonces no olvides que:

"El momento más difícil puede ser el que más te ayude a crecer".

Cuando tus amigos te hunden más que tus enemigos

Llegamos a una parte del libro la cual a muchos no les gustará, pues probablemente descubran la verdad. Sin embargo, serán unos los que actuarán y serán otros lo que se mantendrán de la misma forma como ya lo hacen.

Desde ahora te aviso, esta parte del libro es difícil, tal vez no te agrade leerla.

Los seres humanos necesitamos pertenecer a un grupo para sobrevivir. Imagina si cuando naciste, inmediatamente te hubieran abandonado tus padres y nadie te hubiera brindado apoyo. ¿Qué hubiera pasado? Seguramente no sobrevivirías ni dos días.

Por eso afirmo: "El ser humano está hecho para trabajar en equipo". Si queremos lograr grandes hazañas tenemos que colaborar con los demás. Ponte a pensar:

¿Cómo construyeron la muralla China? ¡En equipo!

¿Cómo llegó el hombre a la luna? ¡En equipo!

¿Cómo se fabrican autos? ¡En equipo!

Las mejores hazañas así se logran, en equipo, sin embargo, muchas veces no podemos distinguir entre un buen equipo o uno malo. Sea como le quieras llamar, equipo, amigos, círculo, familia, compañeros, tribu, etc. Piensa que adquieres los hábitos de quienes te rodean, entonces si tú te juntas con personas que fuman cigarrillos a diario, probablemente termines haciendo lo mismo. Sin embargo, si te juntas con personas que practican deporte a diario puede que tú también empieces a entrenar.

He escuchado bastantes veces a las personas decir que tienen dos tipos de amigos: los amigos de verdad y aquellos que sólo son de la fiesta.

Ahora hablaremos de los segundos, esos amigos a los que frecuentas solamente en reuniones sociales y siempre te incitan a beber alcohol en exceso o inclusive a hacer uso de las drogas. Lo peor de todo es que muchas veces te diviertes con ellos porque son los más enfiestados, los más "alegres", los más "ambientados", etc. Sin embargo, esa felicidad que ellos tienen es "felicidad momentánea" puesto que sólo dura por un corto lapso, ya que proviene de un factor externo como las drogas.

A este tipo de amigos es al que quiero hacer mayor énfasis, porque muchas veces ellos te hunden más que tus enemigos debido a que te hacen elegir entre la felicidad verdadera y la felicidad momentánea. Tristemente, ellos casi siempre provocan que te inclines más por la segunda.

Por ejemplo, una decisión de felicidad duradera (dependiendo la persona) puede ser terminar una carrera. Sin embargo, la felicidad momentánea puede ser una decisión como por ejemplo: Imagina que estas a mitad de la carrera y tienes dos opciones: continuar con la carrera o darse de baja, para poder estar en la fiesta. La segunda opción es felicidad "momentánea". Es momentánea porque probablemente durante el tiempo que no asistes a tu universidad te sientes cómodo, en ese instante te sientes bien contigo mismo porque haces otras cosas. No te presionas, ni tienes trabajos por entregar. Sin embargo, esa "felicidad" (si es que así le podemos llamar) va a terminar, y cuando lo haga, buscarás un sustituto para ella (esperemos no sean las drogas).

El verdadero problema radica en buscar cosas o amistades que te den felicidad momentánea y no duradera. Por ejemplo, si tienes problemas de salud y el médico te dio una dieta, la felicidad duradera o verdadera te indica que no comas para que cuides tu cuerpo y te sientas mejor. Sin embargo, si cedes a la tentación estás cediendo a la felicidad momentánea, pues sólo por un momento vas a poder disfrutar del bocadillo.

Sin embargo, también tenemos la felicidad duradera y es ahí donde debes clavar tus ojos, porque de esta manera puedes encontrar tu propósito de vida, ¡tu pasión!

Analiza quiénes son tus amistades verdaderas y quiénes tus amistades de fiesta (no digo que las de fiesta forzosamente sean malas). Después de analizarlas contempla si en verdad están aportando algo bueno a tu vida o simplemente te están dañando más que tus enemigos. Porque algunas veces tus "amigos de fiesta" son los primeros que te critican, los primeros que te dan "consejos" que en realidad no sirven. Consejos del tipo:

"Yo te recomendaría que no empezaras ese negocio".

"La verdad no te quedo tan bien, deberías pensar en algo más".

"Te ves bien mal, ¿no deberías dejar de hacerlo?".

Amigos que, en vez de sumar, restan. Personas encargadas de dar comentarios negativos y con base a eso es que ellos son capaces de entablar una conversación. Personas que parece que su único talento es criticar. Y a veces esto pasa debido a que los superas, ya que nadie quiere ser superado, a nadie le gusta ser el más pequeño o el más chico y por eso es que algunas veces tus amigos te empiezan a hundir, porque piensan que ya no estarás con ellos, porque quieren mantenerte al nivel, porque quieren que seas como ellos, que seas mediocre.

¡Aléjate de todo aquel que te quiera frenar! Tus amistades que están cuando tienes un problema, aquellas personas a las que de verdad les importas, aquel grupo que desea lo mejor para ti, a ellos cuídalos, porque ellos son los amigos verdaderos, ellos son quienes forman parte de la felicidad duradera.

Conclusión uno: Siempre elige la felicidad duradera o verdadera sobre la momentánea.

Conclusión dos: Tus amigos "sólo de la fiesta" son parte de la felicidad momentánea.

¿Qué estás buscando tú?

Emprende y aprende

"Emprender no solamente es en los negocios, emprender también es en tu vida, en tus relaciones, en tu salud, por eso ¡emprende y aprende!".

Te voy habar primero de emprendimientos. Hace cinco años comencé un gimnasio de artes marciales que con el tiempo fue creciendo y le fui añadiendo disciplinas. Sin embargo, siempre quise hacer alguna acción social con mayor impacto. Ya había hecho algunas, pero nada con un impacto considerable. Así que decidí meter una promoción en la cual las personas de bajos recursos, migrantes, ciegos o débiles visuales pudieran salir beneficiados. Al pensar cómo hacer eso, decidí que, en vez de cobrar la inscripción al gimnasio con dinero, lo haría con ropa. Así es, tú llevas un paquete de ropa, mínimo ocho prendas de vestir que estén limpias y en buen estado y de esta manera nosotros te validamos tu inscripción.

Con esto yo pensaba que quizá recibiría menos ingresos, sin embargo, me hacía feliz pensar en que podía ayudar a alguien más. Pero esta manera de pensar cambió un día, cuando hablando con un cliente que estaba en el gimnasio e iba a entrenar con su hijo, me enteré de que él desde hace tiempo quería entrenar con nosotros artes marciales, así que buscó en Facebook lugares para entrenar y nos encontró. Sin embargo, cuando platicó con su esposa de todos los lugares que había visitado, su esposa le dijo: "Si quieres entrenar artes marciales irás al lugar donde te pidieron la inscripción con ropa". Y así lo hizo él.

Con esto yo pude confirmar que cuando realizas obras buenas te pasan cosas buenas. Ayudar es una de las maravillas que nos distinguen a los humanos de los animales, ayudemos a los demás. Después de esto me di cuenta de que no sólo estaba ayudando, estaba teniendo una excelente estrategia de marketing. Todo mundo ama a las marcas que ayudan. Comienza a ayudar y tal vez te suceda lo mismo que a mí: empezarás buscando beneficiar a los demás y terminarás siendo el más beneficiado.

Lo más curioso es que: "Cuando ayudas a los demás y pones tu corazón en ello, a final de cuentas te ayudas más a ti que a ellos, pues estás creciendo en espíritu".

Otra cosa muy importante al emprender es decidir si lo que vas a hacer te gusta o no, pues si no te gusta tu probabilidad de fracaso aumenta de forma exponencial y una de las cosas más importantes que suceden en la vida son los emprendimientos. Tal vez estés casado y eso es porque en algún momento decidiste emprender una acción, decidiste ir y hablarle a alguna chica (o quizá ella a ti). Sin embargo, están juntos debido a que alguien comenzó.

¿Eres consciente que cada grande logro que conocemos, inició con un sueño y después se transformó en acción? ¡Sueña y actúa! Ponte a pensar en este momento, en algo que hayas logrado en tu vida. Puede ser algo grande o chico, elige lo que quieras. Y ahora piensa: ¿Cómo inició ese logro? Te empezarás a dar cuenta que fue por algo en tu cabeza, una idea.

Después de esto convertiste esa idea en una acción y gracias a ello es que hoy tienes algo que te hace estar orgulloso. Tienes que pensar que hay acciones que te acercan a la felicidad, sin embargo, el primer paso para que esas acciones sucedan es: ¡Imaginarlas! Pues si no las imaginas jamás podrás ponerlas en acción. Es como si intentas escribir en una computadora y está apagada. Jamás va a funcionar. Las cosas se hacen en orden, primero prendes la PC y después comienzas a escribir. Lo mismo sucede cuando tienes una meta, primero la imaginas y después la pones en acción. Recuerda lo siguiente:

"Imaginar y actuar, los únicos ingredientes del lograr".

Quiero que anotes aquí abajo tres acciones que vas a emprender (es importante que les pongas fecha a cada una).

1.-

_____

_____

2. -

_____

_____

3.-

_____

_____

Poder infinito

¿Alguna vez te has puesto a pensar qué límite tiene tu creatividad?

Yo sí lo he hecho y he llegado a la conclusión de que nuestra creatividad es ilimitada, por lo tanto, es poderosa, pues no hay un punto en donde ya no podamos crear o imaginar algo más. Es por eso que los seres humanos tenemos un poder infinito. El problema es que muchas veces no lo sabemos utilizar, y al no utilizarlo, nos mantenemos como mediocres en vez de convertirnos en triunfadores.

¿Alguna vez has pensado cuántas cosas nos faltan por crear y descubrir? Yo sí y espero que tú también, si ya lo has hecho, te darás cuenta de que faltan una infinidad de cosas y te digo infinidad, porque te repito: ¡Tu creatividad no tiene límites! Aprovéchala, porque si no, ¡te comerán los leones!

Si quieres ser exitoso, debes comenzar desde ahora a poner manos a la obra, a empezar a ser único y también diferente. Debes empezar a agregarle valor a tu vida y más importante aún, aportarle valor en conjunto con la vida de los demás. Utiliza la creatividad a tu favor.

¡Qué triste es ser alguien promedio, porque ser promedio es ser mediocre!

Analicemos la diferencia entre promedio y por miedo ¿Te diste cuenta que son las mismas letras y el mismo número de ellas?

Son tan parecidas porque significan lo mismo. Pues tú te conviertes en alguien promedio, por miedo. Por miedo a romper esquemas, por miedo al qué dirán, por miedo a emprender y fracasar, por miedo a perderlo todo, por miedo a sentirte torpe, por miedo a sentirte solo, por miedo a ser exitoso (aunque no lo creas puedes tener este miedo inconsciente).

Deja de tener miedo, deja de ser alguien promedio y comienza a actuar como alguien que va a trascender, alguien que dejará huella, una persona que logrará un cambio positivo. ¡Empieza a ser tú! Pues el que no es auténtico, es patético.

Ser auténtico significa ser tú, no tiene nada de malo aplicar un modelaje (copiar acciones de personas que hayan logrado lo que tú deseas) pero sí existe un problema cuando te vuelves una réplica tal cuál y pierdes tu esencia, pues la esencia del ser humano es el rasgo característico de cada uno y lo que nos diferencia de los demás. Lo aclaro, la esencia es lo que nos define. Ésta va totalmente ligada a tu pensamiento, y en tu pensamiento es donde se genera la creatividad. Si tú eres capaz de aplicar tu creatividad, te darás cuenta de que eres capaz de lograr mucho más de lo que jamás imaginaste. ¡Siempre podemos mejorar!

Lo que no puede ser más perfecto es Dios y las matemáticas. Sin embargo, si tú no eres Dios o las matemáticas, entonces ponte a trabajar, porque tienes que mejorar. La naturaleza nos exige mejorar, nos hace evolucionar. Si te das cuenta, la evolución es un proceso natural del ser. Hoy en día ya no somos como hace millones de años, hemos cambiado, no sólo mentalmente, sino también físicamente. Esa es nuestra esencia, el crecimiento. Por eso el quedarse estancado sin buscar mejorar es antinatural, el buscar solamente sobrevivir y no vivir es un atentado contra nuestra naturaleza. Recuerda siempre que hasta la más bella obra de arte puede ser mejorada, la mejor canción, el mejor motor de vehículo, el mejor teléfono, la mejor computadora. Sólo hace falta poner a prueba nuestra creatividad y afrontar ese reto para lograrlo.

Te diré algo, querido lector, los grandes inventos (te estoy hablando de aquellos inventos que lograron transformar el mundo, de aquellos inventos que su creador está orgulloso, aquellos inventos que enaltecieron al ser humano, aquellos inventos que nos hicieron vivir mejor, aquellos inventos por los cuales nosotros podemos tener la vida que tenemos) fueron hechos por personas que tienen algo que tú ya tienes y se llama creatividad. Pues gracias a ella es que pudieron lograr lo que hicieron. Tú compartes ese poder con aquellas personas que revolucionaron este mundo, aprovéchalo, porque si no lo haces te aseguro que conocerás la mediocridad.

El creativo es aquel que algunas veces es criticado, en otras ocasiones es insultado y a veces llega a ser humillado. Pero de ese mismo creativo del que se mofaron, es a él a quien ahora le preguntan: ¿Cómo le hiciste?

Jamás pases vergüenza por seguir tu sueño, por seguir tu camino, pues para eso es lo que estás hecho, ¿no sería estúpido abandonarlo?

Abre los ojos y comienza a utilizar ese poder, tienes mucho por hacer, tienes talento, tienes algo que mostrarle al mundo, entonces ve y actúa.

Y cuando lo hagas, por favor no olvides compartir lo que sabes con los demás. Ayuda al que está por debajo de tus pies a levantarse.

Piensa en un problema grande que alguna vez tuviste, pero que fuiste capaz de solucionar. Ahora date cuenta de que lo resolviste porque utilizaste tu pensamiento y probablemente también tu creatividad. Quizá no sabes cómo, pero de repente la solución estaba allí. Cuando esto pasa es porque creamos una serie de posibles predicciones en nuestro cerebro y una de ellas encaja, una de ellas va a funcionar y cuando lo intentas y resulta como lo planeaste te sientes orgulloso. Lo mismo pasa cuando inventas algo, sientes esa misma emoción, esa misma alegría, pues utilizar lo que tenemos nos hace eficientes, utilizar nuestro cerebro, nuestra zona creativa, nos hace sentir bien, además, nos hace más inteligentes. Es gracias a los creativos que nosotros conocemos el mundo en el que vivimos, pues sin ellos no podríamos disfrutar de todos aquellos inventos que conocemos. Tenemos una conexión indirecta con ellos en cada momento del día. Desde que un despertador nos avisa que hay que levantarse hasta el momento en el que pisamos la calle. Todo el tiempo estamos en contacto indirecto con los creativos, pues cualquier objeto que conoces es parte de la esencia de ese soñador, de ese creativo. Probablemente ahora estés estresado por pensar que ya todo fue inventado (porque eso le encanta decir a la gente) pero déjame decirte que no. Aún faltan demasiadas cosas por ser inventadas.

Espero que algún día inventes algo, y no forzosamente tiene que ser un producto material. También puede ser un servicio, una canción, una conferencia, algo que te ayude a desarrollarte, algo que deje huella en el mundo.

¡Cree en ti y crearás!

El paso uno

Esta parte del libro es sumamente importante. Hay algo indispensable que cualquier persona debe realizar. Como ya vimos, las cosas funcionan en orden y el paso uno (que de hecho así pensaba titular este libro en honor a este capítulo) es la fase que define si tendremos éxito o fracaso en la acción que estamos por realizar. Este paso tan importante es: autoconfianza.

Vamos a suponer que tú eres un bailarín y adoras pasar tiempo danzando, dedicas horas y horas a realizar aquella actividad. En tu mente lo único que existe es el baile. Cualquier cosa te recuerda a dicha acción y no eres capaz de pasar ni un segundo sin desear bailar. ¡Te gusta, te encanta, te apasiona! Cada que tienes una oportunidad para bailar, vas y lo haces. Cuando te preguntan algo relacionado al tema, respondes con alegría y entusiasmo. Sin embargo, hay un problema: ¡Eres inseguro! No confías en ti a pesar de que tienes todo el talento y la pasión. Sin embargo, como tienes este problema (que es mental, no físico), no puedes mostrarle a los demás lo bueno que eres para bailar. No te atreves porque piensas que vas a fracasar. Si no aniquilas ese problema, él te aniquilara a ti. Tienes que matar esa desconfianza para que entre la confianza, es como si tienes una casa con sillones y quieres meter unos nuevos, primero deberás sacar los viejos para que ahora puedan entrar los nuevos.

Qué tristeza, cuánto talento hay que se está muriendo debido a la desconfianza. Y peor aún, cuando un ser querido es quien siembra esa desconfianza en nosotros.

Te voy a contar una historia:

Este es Ricardo, un chico de diez años que vive sólo con su padre y su hermana. Él es fanático de jugar con Legos. Él sueña algún día ser un gran ingeniero como su papá. Pero un día su padre llega a la casa después de un día difícil en el trabajo y ve todos los Legos en el piso, sin embargo, a un costado de aquel desorden se encuentra una bonita construcción. Entonces él se desespera de que Ricardo (su hijo) no haya dejado las cosas en su lugar y de manera enfurecida le exige que ordene. Pero al estar atravesando un momento de cólera, no sólo le dice aquello, sino que también le grita que jamás será un buen ingeniero y que su obra es espantosa (aunque realmente no lo era).

Sin duda, el regaño molestó al niño y causó sentimientos en él. Pero ahora analicemos al padre (quién sabemos ama a su hijo). Él jamás va a querer el mal para Ricardo, pero al estar estresado y llegar a su casa esperando descansar y ver un desorden, él decide gritarle buscando así restaurar el orden. Y le grita no porque el edificio sea feo sino porque el simplemente desea descansar, (esto sin pensar las consecuencias que puede traer para el niño). De aquí viene ese famoso concepto en el que dice que cuanto más nos enojamos más tontos nos volvemos. Pues usamos menos nuestro cerebro pensante (córtex) y utilizamos más el emocional (límbico). El mayor problema aquí es que la persona que más quiere a Ricardo puede ser quien más lo esté dañando. En este caso su papá.

Por eso es importante que cuidemos aquellas cosas tan sencillas, ya que ellas pueden cambiar todo el rumbo de nuestra vida. Sin embargo, tú decides si sólo vas a excusarte o harás algo al respecto.

Tal vez Ricardo nunca más vuelva a jugar con los Legos debido a que ya no confía en él, pues ahora piensa que es un inútil para ello, no lo sabemos. Es curioso, pero muchas veces a las personas que más amamos son a quienes peor tratamos.

Quizá Ricardo en un futuro cuando vea un Lego sienta desprecio, se sienta incómodo (aunque ya no recuerde el regaño de su padre). Esto debido a que le dejaron una impronta (huella). Por lo tanto, una huella es una especie de registro en el cual nosotros creamos asociaciones. Por ejemplo: Si tú estás acostumbrado a tomar una cerveza todos los días por la noche con tus amigos, lo más probable es que cuando veas una cerveza pienses en tus amigos. Entonces ahí generaste una impronta. En el caso de Ricardo, él puede generar una impronta negativa, debido a que en algún momento sufrió mucho y justo ahí estaban unos Legos. Entonces puede asociar esos Legos con dolor, tristeza, etc.

Aprovecho para decirte que, según los estudios, nosotros experimentamos esto en un 80% de los cero a los ocho años. También, existen improntas positivas, las cuales favorecerán al paso uno, ósea la confianza en uno mismo. Sin embargo, las improntas negativas harán lo contrario.

Recuerda que creer en ti es una cuestión de actitud, de autoestima. Pues el que canta bien pero no está seguro de sí mismo, el que sólo lo hace a escondidas y jamás deja que los demás aprecien su talento por falta de confianza. Ese individuo jamás conocerá el éxito.

Cuántos grandes escritores existen y no lo hacen, pues no se sienten seguros de hacerlo. Sin embargo, disfrutan tanto, son tan apasionados cuando escriben, pero no se atreven a mandar la redacción de su libro, pues creen que no será lo suficientemente buena. No lo mandan porque no confían en ellos mismos. Y la pregunta es, si tú no confías en ti, entonces, ¿quién lo hará?

Cree en ti, siéntete seguro. Sin embargo, para que podamos creer en nosotros es importante que entendamos nuestro cuerpo. Hagamos un ejercicio: tacha con una "x" donde creas que va cada cosa

	Inseguro	Seguro
Mirada arriba		
Mirada abajo		
Jorobado		
Espalda recta		
Pasos rápidos y enérgicos		
Pasos lentos y pesados		
Camina con las puntas		
Camina con el talón		
Esconde las manos		
Muestra las manos		
Esconde el cuello		
Muestra el cuello		

	Inseguro	Seguro
Habla a volumen medio o alto		
Habla a volumen bajo		
Respira agitado		
Respira normal		
Voz temblorosa		
Voz neutra		
Manos neutras		
Manos sudadas		
Se rasca cuando lo necesita		
Se rasca constantemente		
Cuando le hablan antepone objetos		
Cuando le hablan se muestra receptivo		

	Inseguro	Seguro
Mirada arriba		X
Mirada abajo	X	
Jorobado	X	
Espalda recta		X
Pasos rápidos y enérgicos		X
Pasos lentos y pesados	X	
Camina con las puntas	X	
Camina con el talón		X
Esconde las manos	X	
Muestra las manos		X
Esconde el cuello	X	
Muestra el cuello		X

	Inseguro	Seguro
Habla a volumen medio o alto		X
Habla a volumen bajo	X	
Respira agitado	X	
Respira normal		X
Voz temblorosa	X	
Voz neutra		X
Manos neutras		X
Manos sudadas	X	
Se rasca cuando lo necesita		X
Se rasca constantemente	X	
Cuando le hablan antepone objetos	X	
Cuando le hablan se muestra receptivo		X

Una de las formas más efectivas de sentirnos seguros es mandar mensajes a nuestro cerebro de que precisamente lo estamos, y podemos hacer esto al corregir nuestra postura, pues, por ejemplo: al estar jorobados nuestro organismo produce cortisol, el cual es la hormona del estrés y de esta manera tú no sientes confianza en ti mismo.

Algunas páginas atrás veíamos la importancia de las improntas, sin embargo, éstas también están ligadas con la posición de nuestro cuerpo.

Supongamos que un día cuando tú eras pequeño estabas jugando futbol (o el deporte que desees) con tus amigos y en eso tú anotaste. Seguramente estabas muy feliz y te pusiste a festejar. Probablemente brincaste o elevaste los brazos al cielo. Ahora te digo, ¡tu cuerpo tiene memoria! ¿Qué crees que suceda contigo si de repente vuelves a realizar los movimientos que hiciste cuando festejaste el gol? ¡Empezarás a experimentar sentimientos como en aquella ocasión! (Aunque no al mismo nivel).

Aprovecha tu cuerpo, aprovecha las improntas, los anclajes emocionales y haz que tu cuerpo juegue a tu favor.

Arriba ya viste algunas cosas que puedes hacer para mejorar y mostrarte como alguien más seguro, así que ¡atrévete!

Como en la montaña: "Muchas veces nos asusta la escalera porque se ve demasiado grande, pero entre más peldaños subas, verás que la escalera es la chica y el grande eres tú".

Sigue adelante, da el primer paso.

¿Quién es más grande tú o tus problemas?

Los problemas nos permiten evolucionar, los problemas nos permiten crecer, pues es gracias a ellos que nosotros buscamos una solución y nos volvemos más inteligentes.

El problema para el tonto es una perdición, pero para el sabio es una bendición porque sabe sacar provecho. Si al tonto le llueven piedras lo matan, pero si al sabio le llueven piedras, él comienza a construir un castillo. Cada quién decide qué hacer con lo que recibe.

¿Qué haces tú cuando recibes un problema?

Los problemas son parte de la esencia de la vida, estos son buenos, pues, mientras ellos existan nosotros también. Cuando los problemas dejen de existir tú también lo harás. Tienes que ser lo suficientemente fuerte como para no afligirte por un problema y lo suficientemente sabio para encontrar la solución. Seguramente ya conoces la clave, la cual consiste en dejar de preocuparte y comenzar a ocuparte, porque…

"El único problema es rendirse".

Conviértete en un hombre de hierro

Hay una prueba de triatlón que es considerada por muchos como la más dura. De nombre IRONMAN. Este reto está conformado por tres disciplinas, que son 3.86 kilómetros nadando de entrada, de plato fuerte 180 kilómetros en bicicleta y de postre 42.195 kilómetros. Las tres pruebas tienen que ser realizadas el mismo día y en un tiempo menor a diecisiete horas (si es que se desea ser un IRONMAN). Esta prueba, aunque parece muy dura físicamente, lo es más mentalmente. Tu cuerpo puede seguir y puede aguantar el reto. Lo difícil es que tu mente lo haga.

Siempre me han gustado los retos, pero más los mentales que los físicos. Recuerdo muy bien la primera vez que escuché lo que era un IRONMAN, me emocioné bastante y dije: ¡Algún día haré uno! Escuchaba a la gente hablar del IRONMAN, ¡a esos de las revistas!

Había entrenado por algún tiempo ciclismo, aunque ya llevaba aproximadamente un año sin montarme a la bicicleta. Nadar en sí no era un deporte que me gustara mucho, al igual que el atletismo. Sin embargo, decidí hacer un IRONMAN, así que comencé a entrenar dos meses y medio antes de que fuera la competencia y poco después me inscribí. Reconozco que no fue una idea muy inteligente inscribirme a un IRONMAN con ese tiempo de entrenamiento, pues cuando comencé a entrenar me lesioné. Fue una periostitis (una lesión que causa mucho dolor al correr en la tibia). Al tener dolor en dicha zona no podía correr, por lo tanto, decidí entrenar ciclismo y comenzar a nadar. Cuando entré al agua para mi primer entrenamiento, me di cuenta de que me causaba algún tipo de reacción el cloro y casi siempre que pasaba poco más de una hora, comenzaba un dolor en la garganta. Así que sólo podía entrenar ciclismo para tramos largos. Recuerdo tener entrenamientos pesados en donde había que esforzarse, pues el sol quemaba y algunas veces había peligro al llegar a velocidades de setenta kilómetros en carretera (de bajada) y con curvas.

Sin embargo, llegó el momento, la competencia era en Cozumel, México.

Dos días antes de la competencia llegué al hotel en el cual me hospedaría. Cuando llegué revisé mi equipo, los tenis con los que haría la carrera, mi playera, las licras de ciclismo, el casco, los lentes, vaselina (para untarla axilas, genitales y pies para evitar rozaduras, pues después de tanto esfuerzo y fricción la piel empieza a dañarse). Mi equipo estaba listo, revisé mi bicicleta (una de las más sencillas, pues había bicicletas de más de 20,000 dólares en el lugar) y me fui al hotel. Era muy emocionante ver a tantos atletas dispuestos a entregar su alma al día siguiente, todos con el tatuaje de la competencia (el tatuaje es el número que le asignan a cada triatleta al cual lo marcan con plumones en ciertas partes del cuerpo, como lo son brazos y piernas).

Recuerdo muy bien ver en el hotel un menú especial dedicado a los atletas en el cuál se daba prioridad a productos altos en carbohidratos (los carbohidratos son clave para resistir carreras de larga duración). Después de haber ingerido mis alimentos y sentir unos nervios por estar tan próxima la carrera, me fui a dormir.

La alarma la había activado a las 4:30 de la mañana, pues debía desayunar, prepararme y llegar al evento. Ya que, en el lugar, debíamos estar aproximadamente a las seis de la mañana y la carrera empezaría 7:15.

4:30 de la mañana y suena mi alarma, ese día le puse un tono especial con una canción que me inspira mucho. Era el día, sabía que atravesaría momentos duros, pero nada que fuera más duro que mi voluntad. Me puse de pie, empecé a traer pensamientos positivos a mi mente y me preparé para llegar al punto donde estaba mi bicicleta para dejar las últimas provisiones. Ahí dejé unos geles con muchos carbohidratos y tres sándwiches que pedí al hotel que me prepararan.

En el desayuno metí una carga de carbohidratos, algo de proteína y en menor cantidad grasas. Traté de equilibrar las comidas, pero dándole prioridad a los carbohidratos. Terminando mi desayuno me dirigí rumbo al lugar donde un día antes había dejado mi bicicleta. Cuando iba en el taxi, comencé a sentir unos nervios, pero también una alegría, pues estaba a punto de realizar un sueño que desde hace ya mucho había querido hacer. Traía puestos mis audífonos y escuchaba canciones alentadoras, el clima estaba un poco frío. Por fin llegué al lugar donde estaba mi bicicleta, dejé las últimas cosas que utilizaría para la carrera, en donde venían tres sándwiches.

Después de ahí nos recogió un camión en el cual nos iríamos los atletas al punto de salida y en ese momento me despedí de mi padre. Cuando estaba arriba del autobús platicaba con las personas. Me sorprendió que de los cinco con quienes platique, cuatro de ellos ya habían hecho por lo menos un IRONMAN. En eso vamos en el camión y los nervios se empezaron a sentir aún más. En verdad que se siente una energía tensa, hay preocupación, pero más que preocupación o miedo, existe una energía muy grande de fe y esperanza.

Por fin llegamos al lugar donde daría inicio la carrera. Todos los atletas del camión bajamos y nos dirigimos rumbo al mar, un muelle donde iniciaríamos el recorrido por agua. Los baños estaban llenos y las filas eran largas, cuando pasé al baño, no habían pasado ni diez minutos cuando me volvieron a dar ganas de entrar. Definitivamente eran los nervios, pues desde que me levanté hasta antes de iniciar el recorrido ya había ido siete veces al baño (y eso que sólo habían pasado unas dos o tres horas).

Saliendo del baño, encontré a un conocido que también haría la carrera y él me presentó a un amigo con quien se encontraba. Estuvimos platicando cuánto tiempo planeaba cada uno, en qué disciplina cada quién se sentía más fuerte y mejor preparado, ¿Qué era lo más difícil del trayecto? ¿Cuál era la disciplina en la que no estaba tan fuerte alguno? En mi caso era la corrida debido a que la periostitis no me permitió entrenar muy bien. Después de charlar, nos dirigimos a la fila en donde íbamos a salir. Pasaba el tiempo y cada vez estaba más cerca de la aventura. Los nervios me hacían pasar más sed de lo normal a pesar de que me había hidratado constantemente ese día y uno antes también. Sin embargo, tenía sed y en eso vi que una mujer dejaba una botella con agua en el piso, y le dije que si ya no quería más. Ella me sonrió y me dijo que no, que podía tomarla, así que me terminé la botella. Conforme íbamos avanzando en la línea que nos encaminaba al inicio del triatlón, la música se iba haciendo cada vez más y más fuerte, tanto así que hubo un momento en donde dejé de pensar que me encontraba en la carrera y comenzaba a sentir como si estuviera en la disco.

En eso escuché una muy buena canción, una que seguro conoces, probablemente te gusta y a mí me motiva: "We will rock you", de Queen. Cuando sonaba, la piel se me ponía "china" y comenzaba a sentir una emoción muy grande. Fue ahí cuando me di cuenta que estaba haciendo lo que quería, estaba a punto de luchar por conseguir mi sueño. Todos aplaudían al son de los tambores de la canción, algunos gritaban, muchos estaban brincando, sentía como si estuviera a punto de iniciar una guerra. Los tambores de la canción, la gente brincando, unos gritando, en fin. Una emoción inexplicable. Y en eso… ¡Empieza la guerra!

Ya estaba en el agua, que por cierto, era la primera vez que nadaba, (sin ser nado recreativo) en el mar. Al poco tiempo choqué con un coral y me raspé un poco. Sentía molestia, sin embargo, estaba bien enfocado.

En mi mano izquierda llevaba un reloj para medir la distancia que llevaba, aproximadamente a los 1,500 metros empecé a sentir ardor, las axilas se me estaban irritando y entre más braceaba más me ardía. En eso comenzó a salir un poco más el sol, y descubrí que hacer deporte con agua salada y los rayos solares no era una muy buena combinación. Sin embargo, sabía que si me quejaba no llegaría a ningún lado, así que me enfoque al 100% en nadar y pensaba constantemente en llegar a la meta y cumplir mi sueño de decir: ¡Soy un IRONMAN!

La realidad es que antes de que comenzara la carrera tenía algo de preocupación (aunque suene estúpido) porque me saliera un tiburón, pues ya ha habido ataques en triatlones por parte de los escualos. Aunque me sentía protegido debido a que al nadar no estábamos muy despegados de la costa y había personas que andaban en kayak o en tablas de paddle surf para cuidarnos a los atletas por cualquier inconveniente. Seguía nadando, vi una boya roja, pasé por ahí y terminé la carrera en el agua. Al salir del muelle ahí estaba mi padre apoyándome y gritando palabras alentadoras constantemente. ¡Gracias papá!

Terminé de nadar los 3.86 kilómetros en el mar en 1:10 (gracias a mi esfuerzo y a que teníamos corriente a favor). Llegué a la zona de transición uno (las zonas de transición son áreas para que los atletas puedan cambiarse de ropa y tomar los suministros necesarios para seguir compitiendo). Ahí me cambié, me puse mis licras, playera, clips, casco y lentes para empezar a pedalear. Le di unas mordidas a mi sándwich, subí a la bicicleta, me persigné y arranqué. Lo primero que hice fue sacar de mi bolsa que traía en la parte trasera de la playera un sándwich y me lo empecé a comer, asegurándome de masticarlo bien. Ya estaba en la bicicleta, llevaba una hora y había recorrido más o menos 33 kilómetros. En ese momento me empezó a doler la garganta, supongo que fue por pedalear en el sol y continuar algo mojado. Me preocupé por un segundo, sin embargo, pensé: "Con o sin molestias voy a terminar la carrera". Así que decidí dejar de pensar en eso. Después, cuando ya llevaba aproximadamente ochenta kilómetros recorridos con la bicicleta, me puse a reflexionar. Nunca había nadado 3.86 kilómetros y menos en aguas abiertas. Jamás había pedaleado 180 kilómetros ni había corrido un maratón. Por un momento estaba dudando de mí, pues el cansancio empezaba a aparecer y apenas llevaba el recorrido por agua y unos ochenta kilómetros en la bicicleta. Me ponía a pensar que todavía faltaban cien kilómetros en bicicleta y 42 a pie. Concentrarme, eso en verdad me angustiaba. Esto sin contar que un día antes de que empezara la carrera, recibí un mensaje de uno de los instructores del gimnasio, el cual me dijo que dejaría de trabajar ahí, que empezaría su propia academia y que se iría en lo que terminaba el mes. ¡Faltaban cinco días para que terminara el mes! Así que debía conseguir a un instructor. Después hizo lo que dijo, lo cual es válido, pues cada quién debe crecer, aunque para el gimnasio fue un golpe duro, pues su clase representaba el 80% de los ingresos y él se llevó al 100% de los alumnos.

Estaba pensando en los problemas hasta que aprendí algo. ¿Qué te hace sentir mal, Alejandro? Pensar en los problemas, sin duda. Por lo tanto, si pensar en los problemas te hace sentir mal, ¡deja de pensar en ellos!

JC Penney, fundador de una de las empresas detallistas más grandes del mundo dijo: «No me preocuparía por perder hasta el último millón de dólares que tuviera, porque no veo que se gana preocupándose. Hago las cosas lo mejor que puedo y dejo los resultados en el regazo de los dioses». Apliqué el mismo concepto y seguí pedaleando, decidí no preocuparme y en cambio ocuparme en dar mi mejor esfuerzo (siempre de manera inteligente, pues si te agotas, puedes quedar sin energía y correr el riesgo de no terminar la carrera, o peor aún, sufrir de algún accidente).

Conforme las horas pasaban el sol cambiaba de posición, algunas veces estaba muy caliente, pero en otras llegaba ese viento que me refrescaba y me animaba. En cada hora a los minutos cero, quince, treinta y 45 bebía un trago de agua y a los minutos diez, veinticinco, cuarenta y 55 (sin contrastar con alimento o el agua) tomaba Powerade, además cada 45 minutos comía una barrita o algo similar.

Uno de los errores más grandes que puedes cometer en el triatlón es pasar sed, pues cuando pasas sed, significa que tu cuerpo ya se ha deshidratado, por lo que tienes que estar tomando agua constantemente y cuidar los alimentos, ya que hay que comer poco pero constante, debido a que si comes mucho, aunque espaciado, lo más probable es que te dé algún problema gástrico.

Seguía pedaleando, monitoreaba mi reloj para ver cuánto faltaba y para medir más o menos mi rendimiento. Me monitoreaba para saber qué tanto debía acelerar o parar con el objetivo de resistir la carrera. La ruta de ciclismo consistía en dar tres vueltas a un circuito de sesenta kilómetros cada una. En una de las vueltas volví a ver a mi padre, ahora con una lona en la cual decía mi nombre y una frase de aliento. Ver esto me impulsó para seguir adelante. En eso terminé la tercera vuelta y me dirigí rumbo a la zona de transición dos.

Había iniciado el maratón, recuerdo tener un comienzo de maravilla, un kilómetro lo corría en cinco minutos y treinta segundos (esto contando todo el esfuerzo que había realizado ya). Cuando iba corriendo el maratón ya no podía recordar qué le había pasado a mi bicicleta, no sabía dónde la había dejado, sólo sabía que tenía que correr y terminar. Sin embargo, pasaron unos tres o cuatro kilómetros cuando de repente tuve que desacelerar. Mi cuerpo ya no resistía como al inicio, estaba muy cansado, tanto así que unas personas se me acercaron para ofrecerme ayuda y me recomendaron tomar unas pastillas.

No las tomé y seguí avanzando, en eso volteé a mi izquierda y vi a un señor de aproximadamente unos setenta años o quizá más. Este hombre estaba lleno de vendas, no sólo en las rodillas, sino que en los codos y muñecas. Él ya era grande y su técnica de correr era totalmente imperfecta, pues sus rodillas no le ayudaban, su espalda jorobada y su mirada hacia abajo, pero aun así él seguía, él insistía, sabía que él llegaría a la meta.

Veía a aquel hombre y pensaba constantemente, él puede y puede porque quiere. Así que yo también voy a poder y lo haré porque quiero.

Seguía corriendo…

Cuando escuché un ruido seguido de muchos aplausos pude ver a una mujer la cuál iba empujando una carriola en la que transportaba a su hijo. ¡Era algo increíble! Al ver eso instantáneamente mi energía volvió a subir, definitivamente me sentía con más ánimo y continuaba con la carrera, pero ahora con una mejor actitud, pues son esos actos del espíritu del ser humano, esos actos de generosidad, lo que más poder le puede dar a un hombre.

Pasaron algunos kilómetros y me daban ganas de frenar. Cada que había algún punto de hidratación yo tomaba algo. La energía disminuía, pues ya se había escondido el sol y no había mucha iluminación.

Sentía que mi cuerpo necesitaba más energía y también más resistencia, pero todo esto empeoró cuando vi mi reloj y ya estaba en la zona roja, había llegado a la zona máxima de bombeo de mi corazón. En ese momento me asusté, sin embargo, llegué a una zona llamada run special needs, en donde los atletas dejan antes del evento cosas para su carrera. Ahí yo dejé una carta que me hizo mi padre, la cual aún conservo, que decía:

"Hijo: ¡Adelante!

Acompáñate en este reto

y en tu vida de pensamientos

constructivos y buenos

recuerdos.

Que conquistes ésta y muchas

más metas en tu vida.

Dios te bendice".

Esa carta, la cual le había pedido a mi papá que me hiciera para dejarla ahí en la zona de run special needs, me animó mucho, pero eso no fue lo que más me reconfortó, sino que cuando me levanté ya estaba a sólo siete kilómetros de la meta. Volvió a pasar aquel señor ya grande, seguía lleno de vendas, a él todavía le faltaba un buen tramo por recorrer, pues yo ya iba en la tercera vuelta y él iba en la segunda o primera de los 42 kilómetros (era un total de tres vueltas de catorce kilómetros cada una). En eso veo que aquel señor se detiene, se dirige rumbo a una palmera, se recarga en ella (aún estando de pie) y la abraza por detrás para así poder estirarse. Él concluye su estiramiento con un grito y continúa su trayecto.

Después de ver aquella escena tan impactante, olvidé algunas de mis molestias y continué. Habían pasado ya más de trece horas, cuando en eso empecé a ver que la iluminación de la calle empezaba a aumentar, se escucharon unas bocinas y la gente aplaudiendo. Cómo olvidar aquel momento en el que miré a mi derecha y vi un anuncio con letras negras y fondo blanco, un cartel que anunciaba el kilómetro 42.

¡Sólo faltaban 195 metros después de casi catorce horas de recorrido!

En ese momento, sin pensarlo aceleré mi velocidad, la energía había regresado a mí, me sentía excelente. De repente el piso deja de ser un suelo común y se convierte en una bella alfombra roja. Las personas estaban gritando y aplaudiéndonos a los que cruzábamos aquella línea. Cuando por fin crucé la meta a las trece horas con cincuenta minutos y doce segundos, escuché en las bocinas:

"Alejandro,

now

you are an

IRONMAN".

Mientras al mismo tiempo una señorita me felicitaba y colgaba en mí una muy pesada medalla. Parece que es imposible que no salgan lágrimas cuando uno cruza aquella meta y recibe ese pedazo de metal.

Había completado una prueba que desde hace años quería realizar, atravesé algunas dificultades al hacerla, pero lo había conseguido, me sentía feliz. Así que descansé, me metí a una tina con hielos y comí algo de pizza que ahí nos regalaban (definitivamente ese día no iba a engordar).

Después fui con mi papá, quien me abrazó, me felicitó y me preguntó algunas cosas respecto a la carrera. Posterior a ello fuimos al hotel, me bañé y le dije a mi padre, voy a regresarme a la meta, quiero ver a los que llegan. Él se sorprendió que aún quisiera regresar a la meta y que aún me quedara energía. La realidad es que ya casi no tenía energía, pero tenía muchas ganas de ver la reacción de las personas al cruzar la meta, ver aquella reacción de alegría y felicidad, así que me regresé y me senté un rato a aplaudir a aquellas personas que conquistaban su reto, a quienes conquistaban su IRONMAN.

En eso, sentado en las gradas me puse a reflexionar y pensaba algunas cosas:

"El verdadero reto de un IRONMAN no está en la carrera sino en el entrenamiento. En la vida muchas veces te define más todo lo que haces para alcanzar tu meta, que llegar a ella."

-El reto del IRONMAN no está en la carrera, está en el entrenamiento. El reto en la vida está en superar cada día, no en superar sólo un día.

-¡El IRONMAN y la vida son competencias de carrera larga! Resiste, porque llegar a la meta es conocer la gloria.

-El IRONMAN te enseña que cada quién tiene una carrera, no puedes juzgar a quien está a un lado tuyo, no sabes por lo que han pasado ni lo que han sufrido, no puedes criticarles, limítate a darles palabras de aliento.

-El IRONMAN te enseña que las pruebas duras de la vida no son las físicas, sino las mentales.

Y lo que más me gusto de lo que me enseñó el IRONMAN es que solo gana quién se enfoca.

Me pongo a pensar la diferencia entre el que queda en primer lugar y el segundo lugar.

Supongamos que dos atletas entrenan el mismo tiempo, con el mismo entrenador, comen lo mismo y su vida es exactamente igual.

Entonces ¿Por qué uno llega en primer lugar y otro en segundo?

Sencillo: Porque quién pierde cada que da un paso va pensando: "me queda menos energía, me estoy cansando, estoy agobiado".

Y en efecto, eso es lo que sucede cuando avanzas, te queda menos energía, sin embargo, el ganador, está haciendo lo mismo pero pensando diferente y es por eso que obtiene un resultado diferente. El ganador cada que da un paso no piensa que le queda menos energía, sino que, al contrario, cada que da un paso piensa: "Un paso menos a la meta, estoy mas cerca, lo estoy alcanzando" ¿Ves ahora la importancia del enfoque?

Fue gracias a esta enseñanza del triatlón que pude diseñar un sistema, al cual yo le llamo el sistema PAD que ya lo veremos en el próximo capítulo.

Durante el trayecto en bicicleta del Ironman (180 km)

Sistema PAD

El sistema PAD es una forma en la cual a mí me gusta traer equilibrio a mi vida. Este sistema consiste de tres breves pasos que te quiero explicar.

-Pensar

-Actuar

-Disfrutar

Y en ese orden debe ser, primero debemos pensar, después actuar y finalmente disfrutar para poder tener equilibrio. Posteriormente podemos repetir el ciclo.

Pensar

En la parte de pensar quiero hacer hincapié en algo que está sucediendo. Las personas últimamente se han quejado y dicen que lo que importa no es pensar, sino que es actuar. Unos más dicen que lo que importa no es tanto actuar sino pensar, desear, atraer. Por ahí está el libro: El secreto, de Rhonda Byrne en el que se hace mucho enfoque a esto, sin embargo, en mi sistema lo que se debe hacer es ambos, pero siempre en grande, o sea, pensar en grande, actuar en grande y también disfrutar en grande.

Pues si pensamos en grande y actuamos en chico, el equilibrio no existe. Por ejemplo, si nosotros pensamos en chico, nos será imposible actuar en grande, es por ello que debemos tener un equilibrio, pero un equilibrio en grande para que así sean nuestros pensamientos y de la misma forma, nuestras acciones.

"Una mente chica no concibe grandes ideas". Piensa siempre en grande. Alguna vez vi una frase que decía: "Apúntale a la Luna y si fallas por lo menos llegarás al cielo, apúntale al cielo y te quedarás en la tierra".

Si ahorita te digo, quiero ir a Marte, quizá suene como algo imposible. Pero acaso no era lo mismo decir hace varios años ¡quiero ir a la Luna! Hoy en día ya es posible ir a la Luna, tú puedes pagar para que te lleven.

Un orador dijo alguna vez: "No fabriques fantasías cuando quieras realidades".

Aquí lo que te recomiendo es: "Busca las metas más altas, siempre y cuando sean realistas porque uno más uno jamás será tres".

No olvidemos que de poco o nada sirve el hecho de pensar si no tenemos acción.

¿Es válido soñar? Por supuesto, el pecado viene cuando dejamos de actuar por solamente soñar. En muchas circunstancias llegamos a darnos cuenta de que nos vemos rodeados por personas denominadas "soñadores", lo cual, como ya mencionamos, no es malo. Sin embargo, sólo soñar no nos acercará a nuestra meta. Debemos actuar.

Actuar

Es muy común que entre las personas surjan ideas. Algunos quieren iniciar un negocio donde puedan vender ropa, otros más la cafetería de sus sueños. Sin embargo, los soñadores muchas veces dejan las ideas como eso. Ideas. Mas tenemos a otro tipo de personas, los hacedores: aquellas personas que se encargan de materializar las ideas. Sin embargo, para materializar una idea primero debemos tenerla, por eso es importante que podamos ser soñadores siempre y cuando no dejemos de un lado la acción.

Ahora yo te pregunto: ¿Qué es más importante?, ¿pensar o actuar?

Lo importante más que solamente estar pensando o solamente estar actuando es lo que estás pensando mientras estás actuando.

Recordando el ejemplo de los triatletas en donde llega uno en primer lugar... Él estaba pensando en que cada paso que daba era un paso menos hacia la meta, mientras que quien perdía aquella competencia pensaba que cada paso que daba era menos energía, pues significaba mayor agotamiento. Y es aquí cuando nos damos cuenta de que, aunque hayan hecho lo mismo, hayan entrenado lo mismo y hayan comido lo mismo, habrá uno que resultará ganador: ¡El que enfoque su pensar durante el hacer!

Pues lo importante aquí es combinar. ¿Qué estás pensando cuando estás haciendo? ¿Estás pensando en lo que puedes ganar o en lo que puedes perder? Recuerda, el rico hace negocios pensando en lo que puede ganar, el pobre hace negocios pensando en no perder.

Podemos ver en este sistema cómo al pensar y actuar podemos obtener grandes beneficios, sin embargo, ahora quiero hacer hincapié en la última letra, la D.

Disfrutar

Esta palabra es la última, debido a que así es como debe ser, pues primero piensas, después actúas y finalmente disfrutas del resultado. Por ejemplo, cuando planeas ir al gym, primero piensas cómo te vas a ver, luego entrenas un periodo y finalmente cuando consigues la meta disfrutas el resultado. Sin embargo, ahora no quiero hablar sólo del resultado, sino de un festejo anexo. Cuando tú festejas después de haber obtenido un buen resultado provocas que tu mente asocie resultado positivo con festejo. Lo cual es grandioso para programar a tu inconsciente.

Si tú festejas cuando no recibes el resultado deseado, tu mente asocia el perder con festejo. Y cuidado, porque muchas veces por aquí comienzan algunos círculos viciosos, por aquí se llega a la mediocridad. El problema es que muchas personas al no entender cómo opera el inconsciente sin querer se autodestruyen.

El festejo debe ser siempre congruente, tú no puedes ponerte a dieta una semana y para festejarte decidir comer comida chatarra en la siguiente semana. El festejo debe ser congruente. Por ejemplo, si lograste bajar esos ocho kilos que te propusiste ¡prémiate! Ve y cómprate esos pants para hacer deporte que tanto te gustan, o esos lindos tenis. Pues la ropa, aunque no lo creas, también es un motivador (motivador externo). O si has trabajado muy duro y has conseguido tus metas vete de viaje a la playa. Pues el festejo también es parte importante del progreso y del éxito, ya que un festejo, por ejemplo, el viaje a la playa puede ayudarnos a reducir el estrés, las tensiones del trabajo y a volvernos más calmados por un momento. Las vacaciones, al reducir el estrés, pueden fomentar tu creatividad. Por lo tanto, al volver al trabajo, no sólo volverás más relajado, sino que con mejores ideas.

¡Disfruta! Pero siempre ten cuidado de que ese festejo sea congruente y no eche a perder todo lo que has construido. El secreto reside en el equilibrio, aumenta éste y aumentará tu progreso. Si pudiéramos resumir este modelo en una frase sería la siguiente:

"Siempre apúntale a la cima y llega, pues desde ahí todo se ve mucho mejor".

Apúntale a la cima: Piensa en grande. Llega a la cima: Actúa en grande. Desde ahí se ve mucho mejor, disfruta en grande.

Recuerda: ¡Piensa, actúa y disfruta (P.A.D.)!

El trabajo ideal sí existe

Hace algunos días me encontraba en el bello estado de Chihuahua en donde estaba listo para participar en el concurso nacional de oratoria. Después de haber ganado el concurso de mi club, del estado y regional, venía el nacional. Me había preparado muy duro. Decía el mismo discurso tres veces al día, practicaba las pausas, elevaba mi voz, después la bajaba, hablaba muy rápido y después muy lento. Cuidaba que el discurso fuera motivacional, pero con información de valor y también le agregaba un buen toque humorístico.

Hasta que por fin llegó la hora, escuché en las bocinas mi nombre y me preparé para empezar a dar el discurso. Cuando terminé me sentí excelente, había dado el mejor discurso de toda mi vida hasta ese día. La gente reía, estaba atenta, motivada. Muchas personas se acercaron para felicitarme, algunos me dijeron que me preparara para mañana, una mujer se me acercó y me dijo que era el mejor discurso que había escuchado en su vida. Y de repente llegó la hora. Estaban mencionando a los tres participantes que habían pasado de la semifinal y se presentarían mañana a la final.

Nos dijeron: "daremos los nombres de los participantes en orden alfabético".

Pasaron las letras y a mí...

No me nombraron, no habían dicho mi nombre y en ese instante mi inmadurez me ganó, sentía coraje y al mismo tiempo tristeza, había creado un coctel perfecto de negatividad.

Momentos más tarde unas personas me decían: No importa, fue excelente tu discurso. Alguien más me felicitaba y algunos decían que había sido el mejor, uno más me dijo: fuiste mi favorito. Y con cada una de esas palabras me pasaba algo muy curioso, pues con cada una de esas palabras en vez de sentirme mejor me comenzaba a enojar, más y más rabia me entraba.

Llegó la noche y me encontraba cenando con un hombre muy inteligente, él había ganado ya en dos ocasiones el nacional de oratoria, pero esta vez no tuvo la misma suerte. Así que estábamos juntos en un restaurante y platicábamos del evento, al hacerlo me dijo que le gustó mucho mi discurso, pero que debería de profundizar más en esos temas. Y yo desde hace un par de años me propuse a cada vez que perdiera aprender de quien me ganó y si ganaba, buscaba al segundo lugar para que me aconsejara y me diera su opinión. Esto para poder ver los puntos de mejora, que siempre existen.

Casi siempre (aunque admito que es molesto) la pregunta que hacía era la siguiente: ¿Qué no te gusto de mi discurso? De esta forma yo sabía que era lo que tenía que corregir para que en el siguiente evento no ocurriera el mismo problema.

Continuaba cenando y charlando con él y me quedé pensando: Es cierto, debo de profundizar más en los temas, debo empezar a encontrar el porqué de cada cosa. Me fui a dormir y al día siguiente me desperté temprano, aún tenía fe en que podría participar, pues si uno de los otros concursantes no se presentaba al evento, quien lo supliría sería alguien que haya quedado en cuarto lugar (quizá yo). Me presenté y estaba listo para dar un discurso, pensaba que no llegarían los demás, sin embargo, se presentaron.

Al terminar los discursos yo tomé mis cosas y me marché hacia el hotel. Cuando llegué me acosté en la cama y me puse a ver mi teléfono. Estaba triste, solo, sentía como lo único que hacía allí en ese momento era deprimirme y dejar que el tiempo pasara. Pensaba que, si no era capaz de ganar un concurso de oratoria, no debería ser conferencista, no debería seguir así. Y en eso pensé: ¡Al carajo todo! Claro que debo ser conferencista y lo debo ser porque me gusta, me apasiona, es algo que me encanta, además me obliga a aprender esta profesión ya que debo estar en constante capacitación leyendo libros y desarrollando mi ser para poder tener un buen contenido que transmitir. Esto sin contar que me permite estar conociendo personas. Y por último… ¡También me pagan! En ese instante hice clic. Me había dado cuenta de que había descubierto un concepto muy importante y ese concepto es precisamente el título de este capítulo… El trabajo ideal.

Lo primero que debe tener el trabajo ideal es que te guste, ¡que seas feliz con lo que haces! ¿Y por qué pongo en primer lugar que te guste antes que el desarrollo y el dinero? Que te guste es lo primordial debido a que cuando tú realizas constantemente actividades o labores que no te gustan generas estrés en tu cuerpo y el estrés a la larga te lleva a enfermedades graves e inclusive la muerte. Y yo no sé qué es lo que pienses tú, pero para mí debe ser horroroso morir a causa del trabajo, más si éste no te gusta.

¡Si tú estás en un trabajo que no te gusta cuidado! Corres peligro de vivir infeliz.

Según un estudio de la prestigiosa universidad de Harvard en el cual entrevistaron a más de setecientas personas durante 76 años para descubrir qué es lo que nos hace felices. Ellos determinaron que lo que nos hace felices son las relaciones con los demás. Por lo tanto, si tú quieres ser feliz, comienza a llevarte bien con quienes te rodeas, dile buenos días a tu vecino, saluda al portero, sonríele a esa señora que vende empandas. Ten buenas relaciones en donde quiera que estés, además, si te llevas bien con quienes te rodean, tu trabajo te gustará más.

Si llevarnos bien nos hace felices, llevarnos mal nos hace infelices. En su libro Liderazgo el Poder de la Inteligencia Emocional, Daniel Goleman dice que si las relaciones interpersonales mejoran en un 1% las ventas subirán un 2%.

Procura tener buenos compañeros, tener un clima laboral amigable en donde te den ganas de ir a trabajar simplemente por las personas que estén ahí, que te guste el lugar, enamórate del entorno en el que vives. No dejes que un pequeño detalle arruine una gran relación.

Si la vida se trata de que seamos felices, ¿qué caso tiene pelear con los demás? Para poder aprovechar de este punto te diré algo.

¡Deja de discutir! Pues entre más discutes más infeliz te vuelves. Es increíble cómo hay personas que prefieren tener la razón a tener una buena relación, personas que prefieren ganar una pequeña discusión a ser felices. No olvides: "Tu felicidad por encima de tu orgullo".

Por otro lado, imagina que no te gusta tu trabajo y siempre te pone de mal humor. ¿Qué pasa cuando llegas a casa? ¿Te desquitas con tu familia? ¿Peleas con quienes ves? Si tu trabajo no te gusta, recuerda: Te comerán los leones.

Si tú eres alguien que a causa del trabajo se está peleando con los demás (a menos que seas boxeador), te lo digo desde ahora: ¡Renuncia! Y no sólo al trabajo, renuncia a los malos hábitos, renuncia a la mala vida, renuncia a vivir infeliz.

Si ya tienes el primer requisito para tu trabajo ideal te felicito, ahora verifiquemos si el dos también es parte de tu arsenal. El ingrediente dos es el crecimiento, a esto me refiero con que tu trabajo te esté dando herramientas de desarrollo intelectual. Yo te pregunto: ¿Aprendes cosas nuevas en tu trabajo? En este momento dirás sí o quizá no. Y probablemente te estarás preguntando: ¿Qué es más importante? ¿El dinero o el conocimiento?

Bueno, déjame responder. Es más importante el conocimiento que el dinero. Sin embargo, el dinero bien habido siempre es consecuencia del conocimiento, tú obtienes dinero cuando sabes algo y lo aplicas. Primero está el conocimiento, sin embargo, si aún no te queda lo suficientemente claro este concepto quiero que te pongas por favor a pensar lo siguiente.

Supongamos que laboras en una empresa donde no obtienes capacitaciones y el trabajo es repetitivo, o sea, no aprendes. En eso la empresa cierra y pierdes tu trabajo. En efecto, tienes dinero, pues te liquidaron, pero no tienes conocimiento. Ahora, ¿qué tan fácil es que te contraten? O te lo presento de una forma distinta: ¿Qué tan fácil es que emprendas un negocio si no tienes el conocimiento?

Por lo tanto, la conclusión es que el aprendizaje es más importante que el dinero. Viéndolo desde la forma biológica, el ser humano está diseñado para evolucionar. Conforme ha pasado el tiempo nosotros hemos ido cambiando nuestros rasgos físicos. ¡Estamos mejorando! Es nuestra esencia crecer, es nuestra esencia aprender.

Te recuerdo que esto no significa que el aprendizaje esté peleado con el dinero. Al contrario, el aprendizaje es el primer peldaño para poder subir la escalera y tener dinero, el segundo peldaño es la acción. Si tú tienes conocimiento y lo aplicas, seguramente tendrás una consecuencia, y esa consecuencia se llama dinero.

Ahora, si ya tienes el punto número uno y el número dos ¡te felicito!

Pero si te falta uno de estos dos, más te vale preguntar qué hacer para conseguirlo o simplemente busca otro trabajo... o mejor aún: ¡Emprende tu negocio!

Y llegamos a la parte tres, aquí es donde entramos a la zona más emblemática de estos temas. El dinero. El punto número tres es remuneración económica (no aplica para los misioneros, voluntariados, etc.)

Es muy importante que aquí tengamos un trabajo que nos esté pagando de manera proporcional a lo que hacemos y aquí no estoy diciendo que te paguen mucho, pues el problema de que te paguen más de lo que realmente mereces es que te vuelve mediocre. Si tú estás ganando más dinero del que mereces, entras en un estado de comodidad, sin embargo, si te pagan lo merecido la cosa es muy distinta, pues constantemente tendrás ganas y hambre de crecimiento para poder ganar más. Quizá tú estés pensando ahora en estos momentos que yo soy alguien muy ambicioso o una persona que sólo piensa en el dinero, pero te diré que no. Últimamente se ha puesto mucho de moda un tema en el cual se menciona que el dinero sí nos da la felicidad, y aunque yo no comparto ese pensamiento en su totalidad, yo pienso que lo que hacemos con el dinero si nos puede dar la felicidad.

Imagina que tienes unos cien millones de dólares en tu cuenta de banco, seguramente disminuirías la presión ocasionada por las deudas que tienes, pero ahí no está lo mejor. Lo mejor está en que con esos millones de dólares que tienes, podrías hacer maravillas. Imagina construir un hospital, una escuela, pagarle la educación a alguien en situación de calle, donar a una casa hogar. Podrías hacer felices a los demás.

Y créemelo: para que un alma se deje de sentir vacía es necesario hacer algo por los demás.

"El dinero bien habido te hará feliz dependiendo la manera en que lo uses".

Si ya tienes el punto número uno, dos y tres te felicito. Tienes un buen trabajo, sin embargo, existe una pequeña posibilidad de que aún no estés satisfecho con ello y por eso quiero recomendarte un bonus, un cuarto paso que solamente existe si ya estás viviendo los primeros tres. Este cuarto paso se llama agradecer.

Si ya tienes todo esto, lo único que te queda es ser agradecido, pensar en todo lo bueno que tienes. Se ha demostrado científicamente que el simple hecho de agradecer produce grandes beneficios dentro de nuestro organismo. Cuando das las gracias te enfocas en lo positivo que tienes y cuando eso sucede, comienzas a experimentar pequeños momentos de alegría.

Por eso, mi amigo, no olvides siempre ser agradecido.

Robar te vuelve tonto, trabajar inteligentemente, ¡millonario!

Es increíble que aun viviendo en el siglo XXI existan personas que estén dispuestas a robar. Por eso quiero platicarte porque suceden los robos.

Nuestro cerebro está programado para sobrevivir y dentro de sus funciones, el inconsciente está buscando la mayor parte del tiempo estar cómodo, estar descansando, sin trabajar o ahorrando energía. Y muchas veces nos resulta mucho más fácil robarle a alguien que trabajar. Te cuento esto porque hace unos días iba saliendo de casa de un amigo y me encontré con la sorpresa de que a mi auto le faltaban dos llantas. ¡Me las habían robado! Sin embargo, decidí no enojarme, pues llegué a la conclusión: ¿qué voy a ganar enojándome? Al día siguiente, cuando desperté fui a buscar a un amigo quien me prestó su llanta de refacción para que yo pudiera mover mi auto, y un amigo más me llevó hasta el lugar donde se encontraba mi vehículo.

Llegamos al lugar e instalamos la llanta. Cuando venía de regreso manejando el auto y me puse a pensar en esto que te voy a platicar a continuación:

Existen muchas personas que roban, algunos piensan que para mejorar ellos tienen forzosamente que arruinar a los demás, sin embargo, no es así. Si por ejemplo alguien roba, se vuelve mediocre, se vuelve un incompetente. Podrá ser un excelente ladrón, sin embargo, un excelente ladrón no es mejor que el más sencillo de los trabajadores de una planta. El mejor ladrón no es feliz, quizá pueda aparentarlo, sin embargo, no lo es. Cuando alguien roba o estafa, está buscando la manera sencilla de conseguir dinero, ideas, servicios u objetos materiales. Y al hacerlo le está diciendo a su cerebro que no es lo suficientemente capaz e inteligente para conseguir dinero bien habido, de manera honrada.

Te pregunto: ¿Qué sucede con aquellas personas que se dedican a estafar? ¿Tú crees que a ellos les interesa leer, les interesa trabajar, les interesa desarrollarse? Definitivamente no, y es por ello que robar te vuelve tonto. Recuerda: ¡Robar es el vicio de los tontos!

Trabajar de manera inteligente te vuelve millonario. Quiero aclarar que solamente cuando se labora de manera inteligente te vuelves millonario. Pues si el que más trabajara fuera el más millonario, definitivamente los obreros de planta serían multimillonarios. Por eso no se trata solo de trabajar, sino de trabajar inteligentemente. Trabajar inteligentemente es tener una estrategia con esfuerzo constante para alcanzar un objetivo.

Empieza a pensar antes de trabajar, sé que suena absurdo, pero es real. Muchas personas cuando terminan sus estudios lo primero que hacen es buscar trabajo en vez de ponerse a pensar. Hace unos días platicaba con una muy buena amiga quien me decía: Alejandro, me están ofreciendo trabajo en "x" lugar y si lo tomo estaría ganando más que en "y". Yo le dije, si te gusta el nuevo puesto y te hará crecer, ¡adelante! Ella me dijo que sería prácticamente lo mismo que hace ahora, sin embargo, que en ese nuevo lugar le pagarían más. Y en efecto, ella estaría haciendo lo mismo, pero ganando más. Después le dije, analicemos si te conviene y ella me respondió: ¡Claro que me conviene, pues haré lo mismo y me pagaran más! A lo que yo le respondí: Si a tu trabajo el día de hoy haces diez minutos y al nuevo haces cuarenta minutos, tienes una diferencia de una hora más de trayecto por día y tú al tener trabajos de freelance (de forma independiente) te verías en situación de riesgo por tener que dejarlos, pues una hora representa mucho para ti. Además, tu tiempo es valioso y el viajar diario ochenta minutos (cuando no hay tráfico) sería un limitante en el tiempo, a lo que ella respondió: "es cierto". Después le dije que estaría gastando cuatro veces más en gasolina para dirigirse a su trabajo. Luego de aquello, me dijo, tienes razón, allá estaría ganando menos.

A final de cuentas ella no se cambió de trabajo pues no le era rentable por dos razones.

1.- Tiempo

2.- Dinero

Entonces, si tú quieres hacer dinero, haz dinero de forma inteligente y por eso mismo doy gracias de que me hubieran robado las llantas, pues de otro modo, no sé cómo hubiera llegado a la conclusión de que robar te hace tonto, pero trabajar inteligentemente, millonario.

Siete tips para empoderarte

En esta parte del libro necesito que prestes especial atención. Estamos llegando a un punto en donde si sigues estos siete sencillos pasos podrás tener una mejor vida. No solamente pensarás mejor, sino que serás más inteligente y además te sentirás muy bien contigo mismo.

Empieza a aplicar estos consejos y verás cómo te es útil este libro, te servirá tanto que se lo querrás regalar a las personas que más valoras.

Tip uno: Sonríe al despertar (y durante todo el día)

Al despertar, lo primero que debes hacer (así es, lo primero) es sonreír. Y tú probablemente estés pensando: bueno, si no tengo motivo alguno por el cuál hacerlo no sonreiré. Pero yo te digo: deja las excusas, simplemente sonríe. No importa que no tengas motivo, sólo hazlo, pues se ha demostrado que cuando sonreímos liberamos ciertos neurotransmisores que nos hacen sentir mucho mejor. Uno de los neurotransmisores que liberamos al sonreír es la endorfina, la cual es la hormona encargada de nuestra felicidad. Así que ahora yo te pregunto: ¿Qué crees que suceda con tú día si lo primero que haces al despertar es sonreír?

Por otro lado, sonreír también te vuelve más inteligente, hace algunos días me puse a investigar sobre los efectos de la risa y quise demostrar cómo cuando nosotros sonreímos nos volvemos más inteligentes. Y esto es a lo que llegué:

Si nosotros venimos a este mundo a ser felices, y cuando sonreímos somos felices, ¿acaso sonreír no es lo más inteligente que podemos hacer?

Además, sonreír tiene muchos beneficios: Cuando nosotros sonreímos liberamos endorfina (hormona de la felicidad). Sin embargo, algo que descubrió la neurociencia, es que nosotros podemos engañar a nuestro cerebro, o sea, que hasta con una sonrisa falsa nosotros seguimos liberando esos mismos neurotransmisores. Además, cuando nosotros sonreímos reducimos los niveles de estrés en nuestro cuerpo y al reducir el estrés nuestro cerebro se vuelve más receptivo, por lo tanto, facilita el aprendizaje. ¡Así es, al sonreír podemos volvernos más inteligentes!

Una persona a quien admiro y de la cuál he aprendido bastante es el Dr. Cesar Lozano, un hombre congruente que tiene un carisma sin igual con un don extraordinario el cual utiliza asertivamente para comunicar sus ideas de una forma reflexiva y a la vez divertida. En sus conferencias, el Dr. menciona los beneficios de la risa. Los cuales quiero citar a continuación:

1.- Limpia y nivela las vías respiratorias

Sí, el reír mucho nos provoca tos y esto limpia nuestras vías respiratorias, nuestro cuerpo se oxigena mejor y esto hará que todo marche excelente, de manera que estaremos más sanos.

2.- Nivela la presión arterial en personas hipertensas

La hipertensión es un antecedente de problemas más serios como embolias cerebrales e infartos al corazón, lo que puede provocar la muerte. Si se ríe mucho la presión se nivelará y se reducirán los riesgos de padecer alguna de esas complicaciones.

3.- Alivia las tensiones y dolores musculares

Sí, cuando reímos el cuerpo libera una hormona que ayuda a calmar el dolor, se llama endorfina. Todos aquellos que siempre inventan dolores y enfermedades para llamar la atención de sus seres queridos deberían de probar el hábito de reír, se sentirían mucho mejor.

4.- Mejora la digestión y disminuye el estreñimiento

Suena extraño, pero hay muchas personas que sufren para poder ir al baño. En ese caso el mejor remedio es tomar mucha agua y reír todo lo que se pueda, hacerlo con frecuencia y muchas ganas, leer chistes, ver películas cómicas, esto hará que todo lo que esté ahí adentro salga sin problema.

5.- Activa y reactiva el aparato inmunológico de defensa

Unas cuantas carcajadas al día hacen que los linfocitos T se activen y se reduce el riesgo de enfermar. La recomendación es reír desde que despiertas, mírate al espejo cuando salgas de la cama y ríe, acuérdate de algún chiste, una gracia de tu mascota o algo que viste en internet. Quizá algunos de los que te rodean te verán raro, pero vale la pena.

6.- Te verás más joven

Y sobre todo lo sentirás. Una persona sonriente, confiada en sí misma aparenta menos edad de la que tiene. Fíjate en esas amistades o familiares que se ven jóvenes sin haber recurrido a la cirugía, al bótox o cualquier técnica de "hojalatería" corporal, y observarás en ellas el hábito de reír frecuentemente; siempre los verás sonrientes y felices.

7.- Reduce la impotencia y la frigidez

Seguro con este punto te sonrojaste un poco pero no hay por qué espantarse. La risa constante favorece la intimidad con la pareja, no importa si se es hombre o mujer. El acto transcurre en paz, no se le da importancia a detalles que pueden arruinarlo y será más fácil alcanzar el punto máximo. Pues sí. Reír, como parte esencial de nuestra forma de ser, será siempre un hábito saludable.

Busca siempre motivos para reír todos los días y si no los encuentras, ¡invéntalos! Ten la costumbre de saludar con una sonrisa. El día que se va sin que hayamos tenido la oportunidad de reír, es un día que no cuenta en nuestro calendario; dicen que reír es como enseñar los dientes al destino.[1]

Ahora pensemos lo siguiente: Seguramente te ha pasado que alguna vez has tenido un problema en el cual estás batallando y tienes dificultades para encontrar la solución. Intentas por todas las maneras que crees que podrían funcionar, pero ninguna de ellas tiene éxito. Así que al verte en una situación de alto estrés tomas la decisión de ir con tus amigos a convivir un rato por la tarde, y justo cuando estás con ellos en medio de una risa, aparece "mágicamente" la solución.

Si te ha pasado esto, permíteme explicarte que es lo que sucede aquí.

---

[1] Tomado de: http://articulos.cesarlozano.com/2016/12/7-increibles-beneficios-de-reir-seras.html

Como ya sabes, cuando tú ríes el cerebro se relaja y al no tener ese molesto estrés, vuelves a tu cerebro más creativo. Y como tú dejaste como pendiente el pensamiento de "encontrar la solución a tus problemas". Tu cerebro de forma inconsciente sigue trabajando para encontrar esa solución. Así que, al desestresarse y ser más creativo, es cuando llega esa respuesta, de la cual tanto agradeces haber encontrado.

Por eso mismo recuerda: "Más que sonreír cuando te va bien, es que te va bien al sonreír".

Y te pregunto: ¿Tenemos derecho a ser felices?

La respuesta es un rotundo NO, puesto que no tenemos derecho a ser felices, sino que tenemos la obligación de serlo y tenemos ésta porque las personas felices son las que más ayudan a los demás, las personas felices son las que construyen.

Hace unos días leía un texto en el cual una persona de edad adulta que se encontraba en la antigua Roma iba caminando, sus pasos eran lentos y pesados, pues la edad ya le había cobrado factura a mencionado personaje.

Él se encontraba camino a casa cuando de repente un hombre joven pasa en su caballo, lo golpea y le grita: ¡Quítate del camino viejo estúpido!

Este anciano, al encontrarse enlodado por haber caído en un charco, con las prendas sucias y su arrugada piel, decide contestarle a aquel hombre que le había importado un comino lo que había hecho y aun así se había molestado con el pobre anciano. Así que éste gritó: ¡Te deseo que seas feliz!

Una mujer que presenciaba la escena se quedó atónita y pasando un momento se acercó a aquel hombre sucio por el lodo y le dijo:

- ¿Cómo es posible que le hayas respondido eso, después de semejante grosería que aquel joven tuvo contigo?

A lo que el viejo sabio respondió:

- ¿Tú crees que una persona feliz anda por el mundo insultando al débil?

Este relato es muy simple, sin embargo, si lo estudias a profundidad te darás cuenta de que no sólo tiene un mensaje.

Seamos, mi querido lector, personas felices. Seamos conscientes de que quien te ofende, seguramente no es feliz, así que tú limítate a desearle el bien. Seamos hombres de cambio.

Seamos mejores. ¡Porque el peor castigo que puede tener una persona es el de pasar en este mundo sin ser feliz!

"Cuando no sonríes date cuenta de que estás sacrificando lo más importante que tienes, ¡tu felicidad!".

¿Quieres mejorar en tu trabajo? Sonríe.

¿Quieres mejorar en tus relaciones? Sonríe.

¿Quieres mejorar tu salud? Sonríe.

"Sólo date cuenta de que no necesitas pretexto alguno para empezar a ser feliz."

Tip dos: Respira

Quizá estés pensando que ya respiras. Que lo haces a diario y entiendes a la perfección que si no respiras mueres. Pero este punto no trata de eso, sino que trata de aprovechar de una mejor manera esa respiración.

Quiero hacer énfasis en esta parte, puesto que la respiración es el principal combustible físico del ser humano. Algunas personas dicen que lo que más energía nos da es el agua, otros más, afirman que es el sueño, unos mencionan que es la comida. Pero yo quiero preguntarte:

¿Cuánto tiempo puedes durar sin beber agua?

Estudios afirman que una persona promedio duraría entre tres y cinco días.

¿Cuánto tiempo sobrevives sin dormir?

Aunque aún se debate sobre quién es la persona que más tiempo ha durado sin dormir, yo tomaré como referencia a Randy Gardner, quien tiene el récord mundial por atravesar el mayor periodo despierto con un total de once días sin dormir.

¿Cuánto tiempo puedes aguantar sin comer?

Aunque no se sabe con exactitud, algunos investigadores afirman que podríamos sobrevivir hasta dos meses.

Pero lleguemos a la pregunta final… ¿Cuánto tiempo puede aguantar una persona sin respirar hasta fallecer?

Aunque existen personas que han durado más de diez minutos sin respirar, un ser humano promedio no resiste más de dos minutos antes de fallecer. Quiero aclarar que no existe una respiración "perfecta". Existen muchas técnicas buenas para respirar. Algunas sirven más que otras. Sin embargo, si quieres saber cómo respiras hagamos el siguiente ejercicio.

Toma una respiración profunda de tres segundos…

Mantén el oxígeno durante doce segundos…

Exhala durante seis segundos…

Quiero hacerte un par de preguntas:

Al respirar, ¿elevaste los hombros?, ¿apretaste el abdomen?

Si tu respuesta fue no, probablemente ya sabes algo respecto a la respiración o inconscientemente así la estás haciendo. Sin embargo, si respondiste sí, déjame entonces te platico un poco. Empecemos por los hombros, ya que al elevarlos producimos contracciones en los músculos del cuello, lo cual tensa la laringe y ocasiona que ésta empiece a funcionar mal. Como efecto contraproducente esto puede derivar a una patología.

Una actividad básica esencial de supervivencia de todo ser humano es la respiración. Necesitamos estar respirando constantemente, pues de lo contrario dejaríamos de existir.

Pero cuando nosotros respiramos y apretamos el abdomen lo que estamos haciendo es contraer los músculos y dirigir los órganos en dirección a donde se encuentran nuestros pulmones. Por lo tanto, el pulmón pierde la capacidad máxima de oxigenación que este posee.

Quizá tú pienses que te es imposible respirar y expandir el estómago. Aclaro que es normal tener dificultades al hacerlo por primera vez. Por eso permíteme decirte que cada que duermes estás haciendo una respiración correcta. Son los problemas o la mal información de la vida cotidiana lo que nos obligan a respirar únicamente inflando el pecho, elevando hombros y hundiendo el abdomen (lo repito, hacerlo así es incorrecto). Probablemente, al inicio tengas problemas para respirar de manera adecuada. Entonces quiero darte algunas recomendaciones.

Imagina que tu cuerpo completo es como un globo y estás tratando de ensancharlo a la vez que respiras (sólo evita la elevación de hombros).

Un método simple es acostarte y al mismo tiempo que inhalas, pones las manos por encima del abdomen para sentir como éste se infla y así notar que estamos haciendo una mejor respiración. También es importante sentir cómo se expande el área donde están las costillas (esto también provocado por los pulmones).

Por último, pasemos al tema de los tiempos, seguramente estarás pensando:

¿Cuánto tiempo debo inhalar?

¿Cuánto tiempo debo mantener?

¿Cuánto tiempo debo exhalar?

Así que vayamos a ello.

En algún momento tomé un curso con un hombre el cual es de admirar, no sólo por su gran capacidad de comunicación, sino que también por toda la energía que posee.

Es increíble, pues él comienza a dar conferencias a las nueve de la mañana y termina en ocasiones hasta el siguiente día a las dos de la mañana (así es, 17 horas). Él llega a quemar en sus discursos las mismas calorías que un hombre que corre dos maratones. El nombre de esta persona es Anthony Robbins. Y él recomienda hacer respiraciones diafragmáticas de la siguiente manera: Uno, cuatro, dos. Por cada segundo que inhales, deberás mantener cuatro segundos el oxígeno y exhalar en dos segundos. Supongamos que inhalas en cuatro segundos, entonces deberá contener dieciséis segundos la respiración y exhalar en un lapso de ocho segundos.

Esta teoría está fundamentada en que nuestro cuerpo se limpia con las respiraciones profundas, ya que una buena parte de materiales tóxicos que residen dentro de nuestro organismo, son evacuados por el sistema linfático, el cuál es activado en el momento en que realizamos una respiración profunda.

Por otro lado, respirar correctamente puede ayudar a tranquilizarnos, pero si no lo hacemos bien, y en cambio comenzamos a respirar con el pecho agitadamente, podemos, en algunas ocasiones, mandar un mensaje de lucha a nuestro cerebro. Pues a veces inflar el pecho es un reflejo de supervivencia el cual nos hace parecer más grandes y esto hace que nuestro enemigo piense dos veces si en verdad vale la pena o no atacarnos. Por eso mismo evitemos respirar sacando el pecho y hundiendo el abdomen, pues podríamos agitarnos más en vez de relajarnos si no lo hacemos de la manera adecuada.

Para concluir con este tip que es de vital importancia, te quiero dejar un breve resumen de cinco pasos, el cual pude completar gracias al apoyo de expertos en la voz tales como locutores, instructores, cantantes y una foniatra.

En resumen, justo cuando despiertes haz diez respiraciones y no olvides los puntos clave:

1.- Expandir el abdomen

2.- Expandir intercostales

3.- Mantener abajo los hombros

4.- Mantener los tiempos adecuados

5.- Inhalar por la nariz y exhalar por la boca

Dato curioso: En 1931 el científico Otto Heinrich Warburg obtuvo el premio Nobel por descubrir la **principal causa** del cáncer en su tesis, la cual va totalmente relacionada con el oxígeno, pues él decía: «Privar a una célula de oxígeno durante 48 horas puede convertirla en cancerosa. Todas las células normales tienen un requisito absoluto para el oxígeno, sin embargo, las células cancerosas pueden vivir sin oxígeno (ésta es una regla sin excepción)».[2]

[2] Tomado de https://www.webislam.com/articulos/62486-premio_nobel_por_descubrir_la_causa_del_cancer_otto_heinrich_warburg.html

Tip tres: Bebe agua

Como ya vimos anteriormente, respirar es algo sumamente importante. Sin embargo, todo en esta vida tiene sus complementos, y en este caso uno de los complementos de la respiración es la hidratación. Pues es bien sabido que cuando pasamos sed, podemos generar múltiples problemas dentro de nuestro organismo.

Recuerdo muy bien que cuando me preparaba para el IRONMAN, mi nutriólogo y coach me decían: Ten mucho cuidado de nunca pasar sed, pues en el momento que pasas sed, es justo en ese momento en el que estás deshidratado y corres riesgo de un desmayo o de no poder terminar la carrera.

Pasando la prueba decidí aplicar este concepto a mi vida diaria, pues muchas veces solamente tomaba agua hasta que me daba sed, sin embargo, todo cambió cuando descubrí todos los beneficios que este líquido podría traer a mi organismo. A continuación, te presento quince beneficios de beber agua a primera hora del día.[3]

Los quince mejores beneficios de tomar agua en ayunas

1.- El agua **activa las reacciones químicas del cuerpo**, un buen vaso de agua temprano es como la gasolina para el organismo.

2.- Es el líquido más **hidratante y refrescante**, por ello después de unas cuantas horas de sueño un vaso de agua es la mejor opción para hidratarse.

3.- Beber agua en ayunas, justo después de despertarnos, **activa todos los órganos**

---

[3] Tomado de: https://fullmusculo.com/home/15-beneficios-de-tomar-agua-en-ayunas/

internos para un buen funcionamiento durante el día.

4.- **Promueve la pérdida peso** ya que el agua no contiene ni grasas, ni calorías ni carbohidratos, es un líquido que el cuerpo usará para energizarse naturalmente. Así que ya sabes, **si quieres bajar de peso**, tomar suficiente agua al día es un buen primer paso.

5.- Tomar agua en ayuna **limpia el colon facilitando la absorción de nutrientes** que luego darán los alimentos.

6.- Es bueno para la piel porque **elimina las toxinas de la sangre.**

7.- Se **refuerza** el sistema **inmunológico.**

8.- El agua fría en ayunas **ayuda a tonificar**, mientras que el agua caliente alivia la gastritis y aleja los cólicos.

9.- **Estimula** el movimiento **intestinal** para que cuando se ingiera alguna comida sea más fácil y rápido evacuarla.

10.- Aumenta la tasa de orina lo que significa que antes de salir de casa **irás varias veces al baño para drenar el riñón**.

11.- Produce **un mejor rendimiento** porque el cuerpo no consumirá el agua almacenada, evitando la sed, y permite que el agua lubrique los músculos y articulaciones lo que evita la fatiga y el cansancio.

12.- **Ayuda a minimizar los efectos nocivos del cigarrillo, alcohol o contaminación** ambiental a la cual te enfrentarás al salir de casa.

13.- **Relaja la mente y aleja el estrés** porque controla el cortisol, hormona relacionada con el estrés.

14.- Previene **la retención de líquidos**.

15.- **Disminuye los síntomas asociados a la artritis, taquicardia, trastornos renales, dolor de cabeza y afecciones cardíacas**.

Aún existen más beneficios por el hecho de tomar agua, sin embargo, recopilar y profundizar en cada uno de ellos requeriría más de un libro. Por esto y más, no olvides beber agua al despertar para iniciar bien tu día.

Tip cuatro: ¡Prográmate!

Las palabras que decimos tienen gran impacto en nuestro cerebro, es increíble que en pleno siglo XXI sigan existiendo personas que crean que el simple hecho de pensar o pronunciar frases no tenga impacto en nuestro ser.

Pues déjame decirte que definitivamente están totalmente equivocadas aquellas personas. Las palabras sí impactan en nuestro cerebro, existen múltiples estudios que así nos lo demuestran.

¿Tú piensas que las palabras no impactan?

Estoy seguro de que alguna vez alguna persona te ha dicho algo que te hizo sentir conforme a la palabra. Por ejemplo, si una persona te dijo feo (aunque no lo seas) de tal forma te comienzas a sentir así. Y pon atención aquí. Si una persona que no eres tú, llega y te dice algo a lo cual tú le das una representación y esa representación crea un sentimiento en ti. ¿Qué crees que suceda con las palabras que te dices a ti mismo? Definitivamente las palabras de alguien más generan un impacto en nosotros, pero las palabras de nosotros generan un impacto aún mayor.

Recuerdo muy bien hace algún tiempo cuando me disponía a competir en el club en un concurso de powerlifting (levantamiento de potencia). Había participado anteriormente en ese tipo de eventos, sin embargo, no había ganado. Curiosamente, semanas atrás había leído un libro de PNL en el cual se explicaban diversas técnicas para programar a la mente por medio de palabras y pensamientos. Así que ese día desde que desperté dije: ¡Hoy voy a ganar y superaré mí récord! Y lo repetía constantemente.

La técnica es la siguiente:

1.- Repetir en la mente la oración completa.

2.- Repetir la oración haciendo énfasis en cada palabra.

 Ejemplo:

¡HOY voy a ganar y superaré mi récord!

Posterior a eso:

¡Hoy VOY a ganar y superaré mí récord!

Después:

¡Hoy voy a GANAR y superaré mí récord!

Así lo hacía con todas las palabras hasta llegar al final:

¡HOY VOY A GANAR Y SUPERARÉ MI RÉCORD!

Concluyendo toda la oración, me permitía cerrar una vez más pero ahora afirmando la oración completa (justo como al inicio).

¡Hoy voy a ganar y superaré mi récord!

Había entrenado con esfuerzo y disciplina para tal evento, mi mente estaba lista y los adversarios también. Así que llegó la hora, cuando fue mi turno seguía enfocado, me encontraba en un estado pico emocional y listo para la acción. Llegó el momento y ese día no sólo fui campeón, sino que rompí mi récord en cada una de las tres pruebas, tanto el de pecho (en el cual recuerdo muy bien haber levantado 325 libras) como en sentadilla y peso muerto.

Aquel día mi cuerpo superó el límite que alguna vez mi mente se había impuesto, pero el récord lo rompí porque primero rompí con esa barrera mental de no poder levantar más peso del que ya había cargado en ocasiones anteriores. Rompe tus esquemas negativos. ¡Puedes porque quieres!

¡Destruye lo que te destruye! Por favor sé consciente de cómo tus palabras pueden afectarte a ti o a alguien más. Mi consejo es que todos los días en la mañana te programes. Si ya sonreíste ya le estás metiendo energía positiva a tu organismo, por lo tanto, ahora la frase que dirás lo más probable es que sea positiva.

La frase del día debe contener únicamente palabras positivas, pues si piensas: "Nunca haré el mal", le estás metiendo a tu cerebro un 50% de palabras negativas, por lo tanto, pierde su poder. Usa sólo palabras positivas. Por eso yo no utilicé la palabra romper (mi récord) sino superar. Esto para seguir haciendo mi frase de manera positiva.

Aprovecho para decirte que, si has llegado hasta esta parte del libro, significa que tienes disciplina, y la disciplina es esencial cuando de alcanzar nuestros objetivos se trata. ¡Felicidades!

Tip cinco: Acelera tu corazón

Aunque quizá no debería de decirlo, este es sin duda alguna mi TIP favorito y uno de los que más beneficios aportan. Pues a pesar de ser algo divertido y acabar con la monotonía, este ritual puede servir muy bien para esos días que son un poco más pesados en la oficina, ya que cambia nuestro estado de ánimo y disminuye la ansiedad.

Lo contrario sucede cuando nosotros no hacemos ejercicio de forma regular, pues es como si fuéramos desconectando lenta y dolorosamente nuestro cuerpo de la vida.

Sin embargo, ocurre lo opuesto en el momento que comenzamos a acelerar nuestro corazón, pues en ese momento es cuando sentimos esos latidos. Es ahí cuando realmente nos sentimos vivos, gracias a toda la energía que fluye dentro de nuestro cuerpo al tener más palpitaciones. Yo procuro cada hora estar acelerando mi corazón hasta que llegue a un 60% u 80% de su frecuencia cardiaca máxima.

Para medir tu frecuencia máxima puedes hacer lo siguiente: A 220 réstale tu edad. Entonces si tú tienes cuarenta años sería 220-40=180.

Ahora te recomiendo que lo aceleres al 70% de tu frecuencia cardiaca máxima y para esto multiplica el número obtenido (en este caso 180) por .7 y así tendrás tu 70% que resultaría en 126 latidos por minuto.

Obviamente existen algunas variaciones de acuerdo con cada persona y también influye el factor de que sea o no atleta. Sin embargo, aquí el punto es poder sacar provecho de esto. Después de haber programado a mi cerebro con las palabras, me gusta inyectarle energía al cuerpo y para acelerar mi corazón me gusta trabajar con los famosos jumping jacks.

Para hacer jumping jacks da brincos abriendo y cerrando las piernas, con una ligera flexión de rodillas y elevando los brazos hasta que ellos coincidan, como si fuese una especie de aplauso.

Mi recomendación es hacer ejercicio hasta que eleves tu ritmo cardiaco al 70%, sin embargo, si no tienes con que medir, puedes hacer un minuto de ejercicio y con eso es suficiente para tener un cambio.

Esto no sólo nos aportará más energía (ya que eleva el consumo de oxígeno), sino que también nos hará sentir mejor, pues disminuiremos los niveles de estrés y bombearemos más rápido la sangre (y es aquí donde están los nutrientes que necesita nuestro cuerpo). Haciendo esto tendrás más energía, pues obligas a tu cuerpo a consumir más oxígeno y a la vez, tu corazón comienza a bombear más sangre dentro de tu cuerpo.

Por otro lado, quemarás más grasa, dormirás mejor (sólo evita hacerlo justo antes de acostarte). Además, tendrás un mejor sentido del humor, pues estos ejercicios provocan una disminución de cortisol dentro de nosotros.

Créeme, vale la pena hacerlo, lo ideal sería cada hora, pero si te es imposible, puedes hacerlo cada dos horas, y si no te gusta hacer jumping jacks puedes salir a caminar o subir escaleras.

Tip seis: Lee

Leer es genial y más cuando es en la mañana, pues no sé qué pienses tú, pero para mí es fabuloso el apenas haber despertado y ya ser más inteligente que ayer.

Si desde que inicias tu día comienzas con disciplina y ganas de aprender, te lo aseguro que pronto estarás en un nivel superior del que te encuentras ahora, porque leer es fundamental para poder subir en los peldaños del progreso.

Mi recomendación es que al despertarte tengas un buen libro a la mano, y cuando digo un buen libro, me refiero a aquellos que te harán ser alguien mejor, un ser más preparado. Busca libros de motivación, desarrollo personal, emprendimiento. Deja esos libros que poco o nada aportan a tu ser y a tu espíritu.

Comienza a leer hasta llegar por lo menos a la página diez. Al hacer esto podrás estar leyendo un poco más de un libro (tamaño promedio) por mes.

La lectura tiene muchos beneficios para nuestro intelecto. Por ejemplo, favorece a la concentración, o sea que para las personas que tienen problemas en donde constantemente se están distrayendo, la lectura puede ser parte de la solución.

Además, ayuda a que mantengamos en buen estado nuestro cerebro, pues este órgano es como los demás músculos. Por eso debemos trabajarlo y ejercitarlo para que se mantenga sano y una muy buena forma es leyendo.

"Un hombre no ha nacido si no ha leído".

Tip siete: Agradece

Llegamos finalmente al último tip. Seguramente, tú has escuchado alguna vez a personas que sugieren agradecer por todo lo que tienes, por todo lo que te ocurre ya sea bueno o malo. Y yo no te digo que esté mal agradecer por lo malo. Yo entiendo y soy fiel creyente de que de cada situación negativa que nos ocurre podemos encontrarle un valor positivo como un aprendizaje. Mas en este punto yo quiero invitarte a que agradezcas por lo positivo, ya que agradecer en lo positivo es enfocarse en ello. Recuerda que tu enfoque es quien determina tu calidad de vida.

Yo sé que hay días en los que parece que no tienes de qué agradecer. Sin embargo, sólo es cuestión de percepción, porque tú tienes un cuerpo, y tener un cuerpo es lo único que necesitas para ser feliz. ¡Agradece por ello!

Método 3D

¿Crees que eres capaz de hacer mejor las cosas a como las estás haciendo hoy? ¿Te gustaría hacer mejor lo que ya haces? Yo sé que sí, entonces pongamos mucha atención, porque este método sirve para mejorar en lo que sea, puede ser una dieta, en el trabajo, deporte, etc.

Hay un sistema que me gusta mucho utilizar para determinar cómo puedo mejorar en lo que estoy haciendo cada día, es algo muy sencillo, pero sumamente efectivo. Si aplicas este método a cada resultado que obtengas ya sea bueno o malo, te aseguro que muy rápido vas a empezar a ver mejorías. Éste es, sin duda uno de los aparatados más importantes de este libro.

Y son solamente tres cosas, yo lo denomino el modelo 3D. La ventaja de este modelo es que sirve para cualquier trabajo, oficio, hobbie, etc. Es un sistema para convertirte en un maestro en cualquier acción.

1.- Dejar

Qué cosas tienes que dejar de hacer

En muchas situaciones llegamos a un resultado no deseado, y como ya lo hemos visto, tener ese resultado por una vez es bueno porque nos aporta algo de información que nos puede ser útil en un futuro.

De las derrotas se aprende. Sin embargo, el problema reside en el momento que volvemos a obtener un resultado no deseado debido a que no nos tomamos un momento para reflexionar sobre lo ya acontecido. O sea que el problema no es tropezar una vez, sino tropezar dos veces, pero con la misma piedra. Y para evitar ese tropiezo, lo que nosotros debemos hacer después de cualquier experiencia, es pensar qué cosa debes dejar de hacer, porque de otra forma: te comerán los leones.

Por ejemplo, cuando yo terminé un discurso hace unos días, me di cuenta al analizar un video que, al hacer un cambio en el volumen de mi voz, hablé tan bajo que no se alcanzaba a escuchar lo que estaba diciendo.

Evidentemente ese día no fui el ganador, sin embargo, después de aquel suceso me puse a analizar y apliqué este principio: ¿Qué cosa tengo que dejar de hacer? Y concluí que necesito dejar de bajar tanto la voz para que no se pierda mi mensaje. Desde aquel día, gracias a que hice conciencia de esto, no he vuelto a tener ese problema.

2.- Debería

Qué cosa no hice que debería hacer

Si pensamos constantemente que lo que hacemos se puede mejorar estamos en lo correcto.

Todo en esta vida se puede estar mejorando, sin embargo, hay que tener cuidado y mantener un equilibrio, pues grandes problemas surgen cuando queremos volvernos perfeccionistas. Como queremos hacer todo hasta que quede excelente, muchas veces no hacemos las cosas porque pensamos: "como va a requerir tanto esfuerzo el que quede perfecto, prefiero no hacerlo. O lo hago bien o no lo hago". Entonces pasamos de ser perfeccionistas a ser simplemente seres inactivos.

El punto aquí es buscar mejorar y a la vez implementar.

Seguramente alguna vez has obtenido un resultado muy bueno o excelente en donde pienses que eso ya no se podía mejorar, pero ten cuidado, pues probablemente quien te esté diciendo que no se puede mejorar es tu ego, pues siempre habrá oportunidad para desarrollarse más en algo. La mejora continua es lo que nos hará evolucionar, si tú no piensas en mejorar y estás convencido que sólo se trata de disfrutar te puedo asegurar que cada vez vas a vivir peor.

Imagina que tú ganas 2,000 dólares mensuales, llevas ya varios años ganando los 2,000 dólares y te siguen pagando lo mismo dado que no has mejorado. Yo te pregunto: ¿Qué pasa contigo? ¿Estás viviendo igual? ¡La respuesta es un rotundo no!

Pues al existir la inflación, (o sea, que cada vez las cosas aumenten su valor) sin que tú aumentes tus ingresos, te estás volviendo más pobre. Ya que, si antes con cien pesos podías comprar cinco garrafones, ahora quizá solo se te ajusten cuatro. Entonces tus ganancias son las mismas, pero no puedes obtener lo mismo.

Por eso ten mucho cuidado y busca estar en constante mejoría de las cosas que no haces que deberías hacer para estar mejor.

Este paso, el número dos, consiste en buscar algo nuevo para implementar en la acción que ya realizaste. Por ejemplo: Un cantante al terminar de dar un show descubre que le fue bien, sin embargo, si hubiera puesto algunos fuegos artificiales le habría ido mejor. Entonces de esta forma él está aplicando este concepto. O sea, qué cosa no hizo que si la hubiera hecho le habría ido mejor. Qué cosa debería empezar a hacer para sus siguientes eventos.

Afortunadamente estos tres pasos te llevan a ello, sin embargo, este paso, el número dos, es el más difícil de implementar. En éste es en el que se gasta más energía y se requiere más creatividad. Pero cuando es aplicado, sus frutos son enormes.

3.- Durar

Qué cosa hice bien que tiene que durar

Este punto es importante, pues si estás haciendo algo bien y te está dando resultados, lo ideal es que continúes realizando tal actividad. Por ejemplo, algo que yo me he dado cuenta que funciona muy bien en las conferencias, es brincar. Pues al brincar, me estoy llenando de energía y contagio un entusiasmo hacia todos los que se encuentran ahí presentes. Sé que les agrada, porque la gente ha llegado y me ha hecho tal observación. ¡Entonces lo sigo haciendo!

En el caso de los boxeadores, hay muchos que basan su estrategia de acuerdo con resultados que ya han tenido, por ejemplo: si han noqueado a muchos oponentes utilizando un golpe con el puño izquierdo en cierto momento, ellos deciden seguir utilizando lo que les funciona. ¡Igual hazlo tú!

Si a ti te ha funcionado una estrategia, sigue utilizándola, pero por favor que esto no se convierta en una excusa para quedarte en donde estás y no buscar mejorar.

Conclusión: ¿Quieres volverte pobre?, sigue haciendo lo mismo y no busques innovar. ¿Quieres ser millonario? Comienza por realizar una autocrítica tuya. Para nosotros es difícil criticarnos, pues en repetidas ocasiones al hacerlo estamos dañando nuestra autoestima, entonces decidimos no hacerlo. Sin embargo, para la mejora casi siempre es inevitable algo de dolor. Si quieres que tus bíceps crezcan te va a doler ir al gimnasio, si quieres tener buenas relaciones te va a doler en el ego pedir disculpas cuando sea necesario, si quieres un negocio exitoso te va a doler tener que despertar temprano.

Por eso es importante que cuando haya dolor en situaciones de crecimiento no abandones por esa molestia, no dejes de ir al gimnasio porque provoca sufrimiento, en cambio, asocia ese sufrimiento no con debilidad, sino con progreso.

Una frase que veo mucho en los gimnasios es: "El dolor es la debilidad saliendo del cuerpo".

La cual es real, pues cuando soportas el dolor estás entrenándote para lo difícil, y cuando sólo te preparas para lo más difícil la vida se comienza a hacer fácil. Entonces simplemente: ¡No busques el camino fácil, busca el camino correcto!

¡Adáptate!

Aunque en el reino animal existen miles de especies, hay un animal que siempre me ha llamado la atención: el camaleón.

Un animal que para sobrevivir hace algo muy sencillo. Se adapta al ambiente en donde esté. Por ejemplo: Si tú pones a un camaleón en un fondo verde, el animal se tornará de dicho color, pero si a éste lo pones detrás de unas secas hojas color café, el animal mudará su color y cambiará a café. ¡Increíble!

Este animal puede tener a un enorme depredador justo frente a él y éste puede ser más grande y fuerte que el mismo camaleón, sin embargo, como el camaleón se adapta al lugar, se vuelve un tanto "invisible". Y es gracias a ello que aumenta sus probabilidades de sobrevivir, ¡porque se adapta! Lo que nunca sucede es que el lugar cambie al color del camaleón, lógico.

Lo que quiero explicar aquí es que tú debes adaptarte a la situación en la que te encuentres. Cuando yo subía la montaña debía adaptarme si quería llegar a la cima. Ya no tenía agua en mí termo, pero podía adaptarme y calentar la nieve en mi boca para convertirla a líquido y poder así continuar con mi aventura. El problema en la vida es que nosotros queremos esperar a que el lugar se adapte a nosotros y eso no va a suceder. Tú debes adaptarte a la situación.

Recordemos a la magna empresa Kodak®. Una compañía multinacional que de tener el 80% del mercado en la venta de cámaras de rollo, pasó a la quiebra, pero, ¿por qué? Esto sucedió debido a que la empresa no se supo adaptar. No entendía que el rollo se estaba convirtiendo en algo anticuado. No se adaptó a la era digital. Lo que sucedió aquí es que, como Kodak® había llegado a la cima vendiendo su cámara de rollo, parecería ilógico el querer deshacerse de ella. Sin embargo, fue el rollo quién los llevó a la cima, pero fue también el mismo rollo quién hundió a aquella empresa.

Y por eso te voy a platicar lo siguiente. Adaptarse significa de acuerdo con la Real Academia Española (RAE): dicho de un ser vivo, «Acomodarse a las situaciones de su entorno».

Y aquí quiero que pongas especial atención.

Pues nos han dicho que debemos ser siempre los mismos, que está mal ser una persona en un lugar y en otra parte actuar como un ser distinto. Sin embargo, yo te diré lo contrario ¡No está mal comportarse de manera distinta en lugares distintos! Por ejemplo, si tú estás en una oficina, debes comportarte al grado de un ejecutivo. Pero si te encuentras con tus amigos, puedes reír, puedes contar chistes, puedes ser alegre. En el caso de tu pareja también adáptate, pues no eres igual de cariñoso con tu jefe que con tu pareja, debido a que te adaptas.

Lo que quiero decir es lo siguiente. Lo que no se puede alterar es tu esencia, definitivamente no. Por ejemplo, parte de mi esencia es la energía. Aunque cuando me dirijo a un ejecutivo utilizo un vocabulario distinto, no pierdo mi esencia, o sea, ese toque de energía. Cuando estoy con mis amigos ya no utilizo el mismo vocabulario que cuando estoy con los ejecutivos, sin embargo, mantengo ese rasgo característico que me define que es la energía. Con mi pareja también me comporto de manera distinta, aunque siempre con ese toque enérgico, porque ese toque ya forma parte de mi esencia, de lo que soy yo.

"Mantén tu esencia, pero adáptate a cada entorno".

El principio de la adaptación por Charles Darwin:

«No es el más fuerte de las especies el que sobrevive, tampoco es el más inteligente el que sobrevive. Es aquel que es más adaptable al cambio».

¡Adáptate! Porque si no lo haces vivirás inundado de estrés. Si eres doctor y todo el tiempo te comportas como tal, como alguien serio, alguien reservado, alguien muy estricto, probablemente te quedarás sin amigos, pasarás momentos de soledad.

Las personas piensan que al comportarse de manera diferente pierden su esencia, pero lo que pierden al no adaptarse no es la esencia, sino la presencia. Y eso es lo peor, pues pasas desapercibido. Por favor, hazlo por ti, adáptate, porque la adaptación al entorno nos permite disfrutar de él.

Imaginemos a un abogado, aquel que siempre anda vestido con traje y corbata, pero en eso, toma la decisión de salir a gozar de unas vacaciones con toda su familia a la playa. Cuando llega, se baja y camina sobre la arena, pero sigue trayendo el traje puesto. ¿Disfrutará de su viaje?

Seguramente no, porque no se adapta a la situación. Lo mismo sucede con aquellas personas que todo el tiempo están pensando únicamente en su trabajo. No gozan la vida. Acuérdate que puedes sacrificar muchas cosas, pero algo que está prohibido sacrificar es: "Tu felicidad".

En una conferencia a la que asistí hace poco, recuerdo como el orador decía: "Superman no siempre anda en calzones, no siempre trae su súper traje. Él va en la vida vestido como un civil. Pero cuando la ocasión lo requiere él se transforma, así que hagamos lo mismo que el superhéroe y no andemos todo el día vestido como tal".

No eres el único

Quizá te dejó tu pareja, perdiste tu teléfono o te robaron el auto, pero te aseguro que hay más de un millón de personas que desearían poder estar en tu lugar.

Porque tal vez tú crees que eres el único que ha fracasado, crees que eres el único que se ha sentido solo o rechazado, crees que eres el único al que le han dicho que no, crees que eres el único que se ha deprimido, crees que eres el único que ha fallado, crees que eres el único que ha llorado. Pero en cambio, si pensaras que no eres el único que ha fracasado, que no eres el único que se ha sentido solo o rechazado, que no eres el único al que le han dicho no, que no eres el único que se ha deprimido, que no eres el único que ha fallado, que no eres el único que ha llorado. Si tú simplemente dejaras de quejarte y de excusarte yo te aseguro que te atreverías. Que te atreverías a seguir tu sueño, a alcanzar tus metas, a trabajar, a esforzarte para ser lo que deseas. Sólo trata de parar la queja y empezar la acción.

Pelea por tus sueños

Para pelear por nuestros sueños siempre vamos a atravesar etapas de miedo, pero no te asustes, esto es normal, todo mundo siente miedo, pero no todo mundo lo enfrenta. Pues sólo alguna pequeña parte de la población enfrenta sus miedos. A esa parte de la población que se atreve a enfrentarlos yo les llamo exitosos.

Sin embargo, vamos a iniciar: ¿Qué es el miedo? El miedo es energía, el problema es que es energía mal canalizada. Y quiero demostrarte que el miedo es energía. Imagina que vas caminando por la calle y de repente un vehículo casi te atropella. Definitivamente te asustas, te da miedo y el corazón se empieza a acelerar (energía). O simplemente imaginemos que estás solo o sola en tu casa, justo a punto de dormirte cuando de repente escuchas un ruido. En ese instante te despiertas (energía) y comienzas a pensar que es lo que sucede. O supongamos que tú estás atravesando un día difícil y vas caminando jorobado, con los hombros caídos y la mirada al suelo. Te encuentras caminando por los pasillos de un edificio. Cuando de repente suena la alarma y sientes cómo el piso se empieza a mover. ¡Estás en un temblor! Escuchas a la gente gritar, todos corren, puedes escuchar las sirenas y observas como las luces que sólo se prenden en situaciones de emergencia están encendidas.

¿Te dará miedo? ¡Por supuesto!

En ese instante se te quita la joroba, te enderezas, levantas la mirada y te pones a correr (energía). En esta situación es el miedo quien puede encargarse de que sobrevivas.

Ahora nos damos cuenta de que el miedo sí es energía, pero esta energía debemos enfocarla, pues si no lo hacemos ella podría acabar con nosotros. Sin embargo, si entendemos los beneficios del miedo y los aplicamos a nuestro favor, es probable que comencemos a despegar. Por eso mismo a mí me gusta el miedo, porque el miedo te hace sentir vivo, el miedo hace que entres en acción, el miedo (si nosotros así lo queremos) nos hace más fuertes, porque nos hace romper con nuestra zona de confort, nos hace explorar diferentes áreas, llegar a cosas y/o lugares que no conocíamos.

Sólo se trata de enfocar, de canalizar esa energía para que ya no sea un freno y se convierta en un impulso. Yo te aseguro que, si tú enfocas la energía del miedo, al miedo ya no lo odiarás, sino que lo amarás. Dejarás de maldecir al miedo y lo comenzarás a bendecir.

En el 2012, un día me llamaron y me dijeron: ¿Alejandro, quieres pelear MMA (Artes Marciales Mixtas)? A lo que yo respondí instantáneamente: ¡Claro!

Las Artes Marciales Mixtas son un deporte de contacto en donde existen pocas reglas. No es válido jalar pelo, dar pellizcos, hacer llaves a los dedos, picar ojos, etc. Sin embargo, sí es válido dar rodillazos al cuerpo en el piso. También se permiten los codazos, patadas a la cara, sumisiones, etc.

Ese día cuando yo dije que sí, debo confesar que me arrepentí. Me arrepentí en el momento en el que me puse a investigar contra quién iba yo a pelear, pues me di cuenta de que iba contra un gran rival: Sergio Castro, un hombre que no había perdido una sola pelea de MMA. ¡Iba invicto! Él era campeón nacional de dos disciplinas (Lima Lama y Kick Boxing). En edad me superaba, pues en ese entonces él tenía 28 años y además era practicante de lucha olímpica. Por otro lado, estaba yo, en donde apenas haría mi pelea debut, tenía diecisiete años y no era campeón nacional en ninguna de aquellas disciplinas.

Cuando me puse a realizar una comparativa para analizar mis posibilidades de ganar, la realidad es que las vi escasas. Así que fui y le dije a mi coach que por qué yo pelearía con alguien tan experimentado si apenas era mi primera pelea y la edad era una diferencia importante.

Entonces él me dio su explicación: "Alejandro, tú eres muy bueno, tienes mucho talento, le vas a ganar". Él trataba de motivarme, sin embargo, después me puse a investigar y me di cuenta de que pelearía con él debido a que yo era un peleador suplente. Pues quien lucharía contra Sergio había decidido abdicar, pues al ver las fortalezas de él, el otro compañero prefirió no pelear y mejor ceder el combate. Cuando me enteré de esto, fue justo en ese momento cuando más temor y ansiedad comencé a sentir. Me sentía algo engañado, pues eso no se me había contado. Así que fui y le dije a mi coach que no estaba listo, no estaba preparado para esa pelea. Él se molestó conmigo y me dijo en tono furioso: Alejandro, ¿crees que te escogería si pensara que no eres capaz de ganarle? Claro que le ganarás. Lo sentía molesto, pues si yo abdicaba sería el segundo peleador que cancelaba. Él, además de ser mi coach, también era el promotor de la liga donde se realizaría el evento. Así que después de sentir su enojo no quise decirle que no deseaba luchar contra Sergio. Sin embargo, por no entrar en conflicto con él, acepté y dije, está bien, pero me vas a entrenar mucho más duro que a los demás. Él accedió y comenzamos con la preparación. En ese entonces yo pesaba 65 kilos y la pelea era hasta 67, así que debía aumentar mi masa magra (músculo) para subir de peso y tener un mejor desempeño durante el combate para esto había que dar el 100% en todo lo que hiciera.

Además, entendí algo: Cuando uno da el 100% en las cosas es imposible que llegue la depresión. Por eso la mejor manera de acabar con ella es dar el 100% en lo que haces, pues de lo contrario llegará y cuando lo haga: ¡Te comerán los leones!

Recuerdo muy bien salir de la prepa a las dos, llegar a mi casa a comer, cambiarme rápido y tomar mis cosas para iniciar el entrenamiento a las tres. Así que comencé a comer mejor, también mi dieta y a prepararme. Llegaba al dojo (lugar donde se practican las artes marciales) y empezaba con una sesión de acondicionamiento físico, para posterior a ello entrenar jiu-jitsu brasileño (arte marcial enfocada en los sometimientos) y al terminar comenzaba a practicar MMA. Al terminar MMA hacía un poco de pateo y trabajaba en boxeo (lo cual reconozco era mi debilidad) y también en mis derribes (los cuales pensaba eran una de mis fortalezas, sin embargo, estaba muy equivocado). Acabando esto, a las siete, regresaba a mi casa (la cual se encontraba muy cerca del dojo) me cambiaba muy rápido y me iba, pues a las 7:30 tenía que estar en crossfit levantando pesas.

Posteriormente me enteré de que mi combate sería la pelea semiestelar de la noche, lo que hizo que mis nervios aumentaran aún más, pues sería la segunda pelea más importante. Y de repente me entraba la duda: ¿Y si pierdo?, ¿y si me lesionan gravemente?, ¿y si mis amigos y conocidos ven que me humillan enfrente de todos? Definitivamente estaba inseguro, pero había algo que me ayudaba a calmar esa negatividad... ¡Entrenar! Así que eso es lo que hacía, ese miedo sólo se iba cuando hacía las cosas, así que gracias a ello era que yo entrenaba cada vez más y más duro.

Conforme se acercaban los días mis nervios aumentaban, no había un solo día en que no pensara en aquel combate. Podía estar en clases de algebra con mis compañeros, sin embargo, mi mente no estaba en las matemáticas que llevábamos, sino que estaba totalmente puesta en el combate. Sólo esperaba a que llegaran las dos para salir de clases, comer e irme a entrenar. Estar en el dojo haciendo técnicas y planeando mi estrategia para ganar aquel combate me daba mucha tranquilidad.

Pasaron unos días y de repente expulsaron a un compañero del dojo. Se dijo que él estaba ahí para ver cómo entrenaba yo y decirle a mi rival cuáles eran mis puntos débiles. Eso me afectó un poco, pues me hizo sentir inseguro, ya que yo pensaba: ¿Y si le cuenta toda mi estrategia?

De repente llegó el pesaje un día antes del evento. A cada uno lo pondrían sobre la báscula para determinar si daba o no el peso que se había pactado para pelear. Llegamos al lugar donde sería y nos pesaron. Ambos dimos el peso pactado y mi rival mostró una actitud deportiva. En ese momento vi al compañero que habían expulsado del lado de mi rival. Cosa que me hizo sentir bastante preocupado, pues conocería mi manera de pelear.

En ese momento me enfurecí, sin embargo, sabía que nada ganaría enojándome, así que decidí olvidar todo y prepararme para el día siguiente. Confieso que al escribir esto siento los nervios de aquellos días.

Imposible olvidar aquella mañana del viernes trece de julio, el día de mi pelea. Recuerdo muy bien haber despertado y lo primero que se me vino a la mente fue: ¡Hoy es mi día! Confieso que me desperté antes de lo habitual debido a que la ansiedad y los nervios no me habían dejado dormir bien. Hice lo que debía hacer y me puse a ver unas películas de motivación durante la mañana. Estaba descansando y pensando en que debía entregar mi corazón para poder ganar aquel combate.

Pasó la hora de la comida y decidí ir a visitar a quien en aquel entonces era mi novia. Pasamos un rato juntos y después de estar con ella, me dijo: "Te veo en un rato". Me dio la bendición, me dijo unas palabras y arranqué rumbo al lugar del evento. Cuando llegué estaba sumamente nervioso. Bajé de mi carro, tomé mi equipo y me dirigí hacia el salón. Iba caminando cuando de repente escuché a alguien gritarme: "¡Pérez!". Eran mis amigos, ellos ya estaban en la fila listos para ingresar al evento. Platiqué con ellos un rato y me dieron unas palabras de aliento.

Cuando llegué, ahí estaba Sergio, por un segundo intercambiamos mirada y sentí unos nervios como si me explotara el corazón, aunque en ese momento él era mi rival, no dejaba de ser respetuoso. Se acercó a mí, charlamos un rato y me deseó suerte (como todo un gran atleta).

Recuerdo muy bien aquel olor a palomitas, la música del evento, al anunciador mencionando las peleas de la noche y nombrando al referee y a los jueces.

Pasaron sólo unos minutos cuando escuché sonar la campana e inició el primer combate. Era un compañero de equipo. Yo estaba apoyándolo hasta que vi que ya no le era posible continuar con el combate debido al castigo (los golpes) que estaba recibiendo por parte de su adversario. Momentos después el referee decidió parar la lucha y declarar como nocaut técnico a favor del rival.

En el siguiente combate un compañero de mi academia salió victorioso, un muy buen amigo a quien le guardo mucho cariño. Cuando él ganó, yo sentía como si hubiera sido mi propia victoria. De hecho, creo que yo estaba más feliz que él por haber obtenido ese merecido resultado.

Pasaron algunos otros peleadores que no eran de nuestro equipo hasta que llegó el turno de otro compañero quien recibió una paliza y también perdió. Obviamente cada que uno de mi equipo recibía un resultado como aquel, yo sentía como si la derrota hubiese sido mía.

Llegó el turno de otro peleador del equipo, quien al terminar la pelea tuvo que ser inyectado y conectado al oxígeno, pues definitivamente el castigo que había recibido había sido brutal, aunque igual fue para su oponente. Ellos dos en aquella noche recibieron un empate.

Al ver a mi compañero en camilla sentía una impotencia por no poder hacer nada, pero también sentía cómo ese miedo quería adueñarse de mí, pues yo pensaba: ¿Y si me pasa lo mismo que a él? De repente vi a mi rival moviéndose, practicando algunos movimientos de boxeo y decidí hacer lo mismo para que él me viera. Quería ponerlo nervioso, así que sólo practicaba a la vista de él los mejores movimientos que sabía. Durante ese tiempo la gente se me acercaba, me platicaban los resultados de algunos otros compañeros y me deseaban ánimo. Mi coach hacía lo mismo.

¡Inició el evento!

Sonó en las bocinas:

¡Sergio "La Bestia" Castro contra Alejandro Pérez!

Fue justo en ese momento cuando sentí que no podría con los nervios, no sabía qué hacer, pero entendía que había llegado el momento. Así que Sergio se puso en fila con todo su equipo y salió caminando rumbo a la jaula al mismo tiempo que sonaba la canción que él había elegido para su entrada.

Antes de que él saliera, recuerdo muy bien que me volteó a ver, levantó la mano en señal de suerte, me guiñó el ojo y avanzó hacia la jaula (en estos eventos no se utiliza el ring, sino una jaula para llevar a cabo la pelea). Cuando Sergio hizo aquel gesto me tranquilizó un poco, sin embargo, sabía que no podía dejar que él me ganara.

Posteriormente sonó mi nombre y la mitad de la gente comenzó a aplaudir y la otra mitad me estaba abucheando. Prácticamente, en ese momento el público estaba dividido en dos: Quienes estaban a favor de Sergio y quienes estaban de mi lado.

Iba avanzando y sentía algunas palmadas en mi espalda. Me quité los tenis y subí a esa jaula.

Estando arriba mi coach me dijo: saluda a la gente, y así lo hice. Después volví a mi lugar. Él me estaba dando indicaciones, cuando de repente el referee dijo: ¡Esquinas fuera! Así que ambos coaches (el de Sergio y el mío) salieron junto a los ayudantes, cerraron la jaula (pusieron el seguro) y nos dijeron: "Peleadores al centro".

Ahí nos explicaron por última vez las reglas y nos preguntaron si teníamos alguna duda. En ese momento escuché unos gritos de mi papá: "¡Vamos Ale!". En eso el referee nos dijo a ambos: ¡A sus equinas! Seguido de aquellas palabras mi coach me recordó la estrategia a seguir, pero cuando él me habló yo lo volteé a ver y me regañó diciendo: "Escucha, pero no me voltees a ver". En eso sonó la campana. ¡Había empezado!

Cómo olvidar que todavía no le había pegado a mi compañero ya estaba sudando y tenía mi corazón muy acelerado. Decido iniciar el ataque, así que lanzo una patada frontal a mi oponente la cual iba dirigida a la cara, pero no consigo atinarle. En eso él me lanza de vuelta una patada, pero en este caso una patada giratoria a gran velocidad, la cual consigo esquivar. Mi oponente lanza una patada conocida como low kick (patada baja) la cual va dirigida al muslo e impacta en mí. Esas patadas son muy dolorosas, pues, a diferencia del Tae Kwon Do, que el empeine es el que impacta, aquí la patada se tiene que dar con la espinilla, y una patada con la espinilla al muslo es muy dañina, es como si te pegaran con un bate de béisbol.

Posterior a ello, mi oponente consigue derribarme al mismo tiempo que suena el grito del auditorio: ¡CHECO, CHECO, CHECO! En ese momento él me comienza a pegar y lo tengo encima. Sin embargo, al no tener yo un buen golpeo, preferí estar en el piso (lo cual era mi especialidad) y desde ahí aprovechar mi buen juego de jiu-jitsu para conseguir una sumisión, en donde tenía un secreto bien guardado, finalizar con mi sumisión favorita: ¡El triángulo de pierna! Sergio me sigue castigando, pero de repente lo empujo, se separa de mí y el referee nos da espacio para que me pueda levantar. Estoy de pie nuevamente, intento derribarlo sin tener éxito y nuevamente vuelvo a quedar por debajo.

El réferi nos vuelve a levantar y por fin logro derribar a Sergio. Sin embargo, él se gira, vuelve a quedar arriba de mí hasta que gracias a Dios suena la campana, la cual me salva, pues yo estaba de espaldas contra el piso mientras que él se mantenía en pie.

Había perdido el primer round, sin embargo, estaba dispuesto a que todo cambiara en el segundo.

Empieza el segundo round y mi rival había cambiado la estrategia, pues apenas iban unos cuantos segundos y ya me había castigado constantemente la pierna izquierda con sus potentes patadas. Comenzaban a dolerme los muslos y a fatigarse, pues cada que recibía una patada, no sólo mi cuerpo se debilitaba, no sólo iba perdiendo energía física, sino que también energía mental. Psicológicamente me veía afectado, pues se notaba la superioridad de mi rival hacia mí.

En un descuido de Sergio, estando la pelea en pie, consigo tomarlo de las caderas, elevarlo en el aire y azotarlo al piso (cosa que me quitó mucha energía). Sin embargo, cuando me encontraba encima de él, parecía que no le hubiera hecho daño, él se movía como si nada. En eso intento una sumisión a su pierna, y al hacerlo pierdo mi posición y nuevamente él queda arriba de mí. ¡Había intentado con toda mi fuerza someterlo! Y no había entendido por qué razón no había funcionado, estaba totalmente desconcertado. ¿Me era posible vencer a aquel hombre? Mientras yo atacaba una de sus piernas, él con la otra me pateaba y parecía que no le estuviera afectando. Hacer la llave no sólo agotaba mis músculos y mi energía, sino que agotaba mi esperanza… ¡Suena la campana!

Había acabado el segundo round. Mi pierna izquierda (en la que recibí las patadas) estaba totalmente fatigada, me faltaba aire, no me era suficiente el que me entraba. Estaba sentado en una esquina de la jaula y mi coach me decía: Alejandro tienes que noquearlo o someterlo, te van ganando. Tienes que hacer algo porque de otro modo vas a perder la pelea. Yo estaba exhausto, había intentado patearlo sin tener éxito, las sumisiones parecían no hacer efecto alguno en él y mi mente estaba derrotada. Sin embargo, pensé: ¡Carajo! Yo no vine aquí a demostrarle a los demás quién soy, no me importa si me ven perder, lo único que me importa es entregar mi corazón, pues la gente muchas veces no se gana el respeto de los demás cuando sale victorioso, sino cuando entrega su corazón y eso es lo que voy a hacer. Porque los campeones no están hechos de medallas, los campeones están hechos de esfuerzo, están hechos de disciplina, de un deseo.

¡Entrené duro y lo sé! También sé que este desafío es grande, pero gracias a que el desafío es grande, si gano, el mérito será mayor. ¡Dios, ayúdame! Dame fuerza porque voy a ganar. Porque ahorita voy a demostrar de qué está hecho un guerrero.

Admito que sentía nervios, pero ya no nervios de pelear con él, sino nervios de que se acabara el tiempo, porque yo debía de ganar. Nunca había entrenado tanto tiempo así de duro, sacrificando tiempo con mi novia o con mis amigos. Tenía que hacer que ese sacrificio valiera la pena, además, si ya lo estoy haciendo, ¡voy a hacerlo pensando como un ganador!

Empieza el tercer round y a los pocos segundos ya me encontraba nuevamente en el suelo. Sergio está nuevamente de pie y me está pateando. Pero no me importaba, porque seguía ahí, y más importante aún, la fe estaba de mi lado. La posición no me era favorable pero mi mente sí, tenía nuevos aires, me sentía con energía. Me pongo de pie y vuelve el intercambio de golpes. Recibo una patada en la entrepierna y Sergio es sancionado por el referee mientras paran la pelea. El referee me pregunta si puedo continuar a lo que yo le respondo que sí, sólo que me de unos minutos y él me dice ¡segundos!

Pasa un breve tiempo y se reanuda la pelea. Sergio al igual que yo, quería ganar. Pronto me da una patada y la atrapo, así que tenía agarrada su pierna, la cual levanto y así es como consigo llevar a Sergio al piso y justo cuando él cae me pongo encima y comienzo a pegarle. En ese momento parecía que la victoria sería mía, había recibido mucho castigo, pero al estar por encima de él por primera vez, en verdad sentía como si yo fuera ganando. De repente, Sergio me empuja con sus piernas, se aleja de mí y consigue ponerse de pie, justo cuando él se pone de pie yo me acerco ¡y me derriba! Faltaban ya escasos segundos para terminar la pelea, parecía que todo estaba perdido. Pues el tiempo no estaba a mi favor y Sergio por encima de mí.

Cuando de repente, estando yo por debajo, crucé mis piernas sobre la cabeza de Sergio y él comenzó a sentirse en aprietos. ¡Lo estaba logrando, estaba haciendo un triángulo, mi llave preferida! Quedaba muy poco tiempo, cuando de repente siento en mi cadera dos palmadas de Sergio.

¡HABÍA GANADO! ¡HABÍA GANADO LA PELEA, HABÍA VENCIDO AL CAMPEÓN!

En ese momento me puse de pie brincando, tal cual un infante cuando recibe regalos en el día de su cumpleaños. Estaba totalmente emocionado, sentía una alegría inexplicable. La meta era grande, pero gracias al esfuerzo, la satisfacción de haber conseguido el objetivo lo era aún más. Ahí me di cuenta de que cuando te cuesta trabajo una cosa, pero la alcanzas, la satisfacción tiene un tamaño inimaginable. En eso siento que alguien me agarra por atrás, era un compañero que me cargaba para festejar. Él en ese momento me dijo: ¡Súbete a la reja! Y sin pensarlo dos veces así lo hice. Después me bajé y fui a decirle unas palabras a mi oponente. Le agradecí el combate, el hecho de haberse comportado como todo un atleta con caballerosidad y actitud deportiva. También reconocí el miedo que tenía ante él previo al combate, pues se veía como un gran atleta además de poseer ya todos esos logros. Intercambiamos unas palabras cuando de repente él me dijo: ¡Tú nunca te cansas!

Y en ese mismo momento me di cuenta de algo, puedes estar debilitado, puedes sentirte mal por dentro, pero no lo demuestres, porque si lo demuestras te comerán los leones.

Todos tenemos esos momentos que nos cuestan bastante, pero mostrarse fuerte ante el adversario es una gran estrategia para ganar. Sin embargo, aquella es una buena estrategia, pero definitivamente no es la mejor, la mejor estrategia es aprovechar lo que se tiene y si en ese momento lo que tienes es miedo: ¡úsalo a tu favor!

A mí me daba tanto miedo pelear con Sergio que decidí utilizar esa emoción a mi favor. Pues sabía que él era un excelente peleador y luchar con él iba a ser difícil, entonces pensaba: qué miedo si lucho contra un campeón y me agarra sin preparación. Entonces tengo que entrenar.

Después de alguno de los entrenamientos

Constantemente, cuando me faltaban ganas o un motivo para ir a entrenar, pensaba en él. Justo en ese momento, gracias al miedo que él me ocasionaba yo me levantaba e iba a entrenar dando todo de mí. Cuando llegaba a crossfit a las 7:30 siempre tenía el tiempo número uno y te diré por qué:

Porque tenía un motor que nadie más en ese lugar tenía, y ese motor se llama miedo. Pero era un miedo tan bien enfocado, tan bien canalizado, que en vez de frenarme me movía.

Supongamos lo siguiente. Imagina que tú tienes una empresa en la cual vendes chocolates, y de hecho te va muy bien, la gente te quiere, todo mundo dice que eres una gran persona, un gran líder. Además, las ventas van excelente. Sin embargo, conforme pasa el tiempo, ves una noticia en el periódico en la cual se anuncia que la empresa multinacional más grande de todo el mundo se va a instalar en tu mismo estado, en tu misma ciudad y coincide que se va a instalar justo enfrente de ti. ¿Te dará miedo? ¡Por supuesto!

Sin embargo, tienes dos opciones, dos cosas que puedes hacer cuando te entra ese miedo:

1.- Opción A: Qué miedo, mejor cierro la empresa, busco un trabajo estable donde me paguen y evito los riesgos.

2.- O la opción B, la opción del ganador y estoy seguro de que es la que tú tomarías. Te da tanto miedo que se instalen enfrente de ti, que para poder hacerle competencia decides innovar el producto, ampliar el catálogo, mejorar el servicio.

Y te das cuenta de que gracias a ese miedo tú puedes convertirte como ese pequeño David... ¡Que termina matando a Goliat! Porque tenías miedo, pero supiste enfocarlo, supiste encausarlo. El miedo no se destruye, sino que se utiliza a favor de quien lo tiene.

Pongamos otro ejemplo.

Al estudiar mercadotecnia entendí una cosa. Hay dos tipos de productos en el mercado:

1.- Los que triunfan

2.- Los que fracasan

Pero aquí la clave no es entender el hecho de que existan productos triunfadores y productos perdedores, sino que pensar qué es lo que los convierte en ello. Así que me puse a investigar y llegué a la siguiente conclusión:

Los productos que fracasan son productos que son réplicas, productos que les copian a los otros y buscan ser iguales a los demás. Son productos que quien los creó, no utilizó su intelecto muy a fondo, ya que solamente se basó en los modelos existentes y los lanzó al mercado.

¿Cuántas veces no hemos visto emprendedores que buscan hacer lo mismo que otros y fallan?

Estoy de acuerdo que el modelaje es un método excelente para aprender, estoy de acuerdo que hay que buscar, imitar e igualar. Pero finalmente tenemos que superar.

Recuerdo un día en el cual estaba tomando un curso y de repente el expositor nos preguntó en qué trabajábamos cada uno. Hasta que llegó el turno de un compañero y dijo que él estaba trabajando en una App en la cual quería hacer un negocio como el de Uber, en donde tú descargues en tu móvil dicha aplicación y puedas solicitar los servicios de taxi.

Y en eso el instructor le pregunta qué factor diferencial tenía en comparación con Uber. A lo que el asistente respondió que lo que lo hacía diferente era que esta aplicación era mexicana y Uber no.

No pasaron ni dos segundos cuando el expositor le dijo, no te va a funcionar. El asistente, sorprendido, le cuestionó: "Pero, ¿por qué?" A lo que el expositor dijo: Porque es igual, no tiene algo que le añada valor, que lo haga especial o que lo haga diferente. Y continuó con el siguiente asistente…

Por el lado contrario tenemos productos que triunfan. Y esos productos que triunfan es porque tienen un factor que los hace distintos a los demás y si tú me preguntaras: Alejandro, ¿se puede ser diferente por precio? ¡Claro! ¿Se puede ser diferente por el servicio? ¡Claro! ¿Se puede ser diferente por envase? ¡Claro!

El punto aquí es que sea distinto, pues está demostrado que lo que es igual pierde valor para el cerebro. Lo que es distinto capta más nuestra atención. Por ejemplo, tenemos la famosa marca Apple® con su famoso teléfono iPhone®. Un teléfono que ha sido el más vendido en los últimos años.

Y ahora analicemos su inicio. En el 2005, cuando la marca líder Blackberry se encargaba de gobernar el mercado con sus exitosos teléfonos, los cuales tenían muchas teclas que cumplían con diversas funciones. Apple decide apostar por lo diferente. Recordemos su lema: Think different (piensa diferente). Apple apuesta en hacer lo contrario y decide sacar un teléfono prácticamente sin botones. ¡En ese momento parecía una locura! Sin embargo, el hecho de tener menos botones y ser tan fácil de usar, hacía que la gente se familiarizara muy rápido con aquel teléfono. Tan grande fue su factor de diferenciación, que rápidamente el iPhone llegó a convertirse en el teléfono más vendido del mundo, desplazando a todos sus rivales.

Ahora yo quiero hacerte una pregunta: ¿Qué cosa tienes tú que te hace diferente a los demás?

Para fracasar, la fórmula es sencilla, simplemente conviértete en una réplica, en una copia de todo lo que hacen los demás, no los superes. Pero para triunfar debemos hacer lo contrario, añadirle valor a nuestra persona. Tú puedes diferenciarte por tu conocimiento, por tus logros, por tu carisma, etc. ¡El punto aquí es que seas diferente!

Y no olvides que para diferenciarte de los demás, efectivamente, debes buscar algo que te haga distinto, pero siempre de manera positiva. Pues de nada sirve ser diferente si es para mal. Busca siempre diferenciarte aumentando tus atributos positivos.

¡Júntate con leones!

Quien con lobos anda... a aullar se enseña. Quien de caracoles se rodea... baboso se vuelve. Nosotros infravaloramos la importancia de rodearnos de personas de éxito, de juntarnos con aquellos seres que nos empujen a ser mejores. Alguna vez vi una frase que decía: "Si usted es el hombre más inteligente de la mesa, está en la mesa equivocada". Esto se refiere a que debes estar con aquellos de quienes se puede aprender. Los japoneses decían lo siguiente:

1.- Encuentra al mejor

2.- Imítalo

3.- Iguálalo

4.- ¡Supéralo!

Pero para lograr esto no puedes saltarte el paso uno, encontrarlo. ¿Tú ya tienes un modelo a seguir? ¿Te rodeas de personas que te ayudan?

Hace unos días, estaba recordando una etapa de mi vida cuando estaba en un colegio militar en USA, donde pasé un año. En ese lugar había mucha gente de habla hispana, de hecho, en su mayoría había mexicanos y muchos de ellos escuchaban música de banda. Así que yo también comencé a hacerlo. Sin embargo, cuando regresé a mi ciudad, la dejé.

Y ahora me pregunto, ¿por qué? Debido a que ya no me rodeaba con personas de tales gustos. Es increíble, pero hay personas que trabajan duro, se esfuerzan, tienen el ardiente deseo de superarse, sin embargo, no lo hacen porque se siguen juntando con la gente equivocada.

Rompe relaciones tóxicas, rompe malos hábitos y rompe por favor creencias limitantes.

Al igual que una gripa se contagia, los hábitos también y lo mismo sucede con los resultados. Si tú pasas una buena parte de tu tiempo rodeado con gente exitosa, ¿en qué te vas a convertir? Pero, ¿qué pasa si te rodeas de gente fracasada?

Quiero hacerte unas preguntas, respóndelas con mera intuición. ¿Con quién crees que pase más tiempo Bill Gates? ¿De qué personas se rodeaba Steve Jobs? ¿Cuáles son los seres más cercanos al Papa Francisco? Seguramente ellos se rodeaban de gente con sueños similares a los de ellos, tú eres en parte un reflejo de la gente que te rodea.

En algún momento de mi vida comencé a hacer relación con personas que invertían una gran parte del tiempo en criticar a los demás. ¿El resultado? Me volví infeliz. En cambio, cuando comencé a rodearme más por personas que tenían los mismos sueños que yo, era en ese momento en el que más me empoderaba, era ahí cuando empezaba a crecer. ¿El resultado? Aprendía cosas nuevas y me sentía feliz.

Júntate con personas que representen un modelo a seguir para ti, alguien en quien te gustaría verte reflejado y después supéralo. Júntate con leones y te convertirás en uno, júntate con corderos y…

¡Te comerán los leones!

¡Felicidades, ya acabaste este libro! Esto significa que eres más inteligente que cuando iniciaste. ¡Ve por más!

Tu amigo, Alejandro Pérez Tobías.

Made in the USA
Middletown, DE
28 November 2022

15865524R00154